essentials

Essentials liefern aktuelles Wissen in konzentrierter Form. Die Essenz dessen, worauf es als „State-of-the-Art" in der gegenwärtigen Fachdiskussion oder in der Praxis ankommt. *Essentials* informieren schnell, unkompliziert und verständlich

- als Einführung in ein aktuelles Thema aus Ihrem Fachgebiet
- als Einstieg in ein für Sie noch unbekanntes Themenfeld
- als Einblick, um zum Thema mitreden zu können

Die Bücher in elektronischer und gedruckter Form bringen das Fachwissen von Springerautor*innen kompakt zur Darstellung. Sie sind besonders für die Nutzung als eBook auf Tablet-PCs, eBook-Readern und Smartphones geeignet. *Essentials* sind Wissensbausteine aus den Wirtschafts-, Sozial- und Geisteswissenschaften, aus Technik und Naturwissenschaften sowie aus Medizin, Psychologie und Gesundheitsberufen. Von renommierten Autor*innen aller Springer-Verlagsmarken.

Stefan Georg • Lara Joy Georg •
Susan Pulham

Einfach nur Wahrscheinlichkeitsrechnung

Ein schneller Einstieg für Wirtschaftswissenschaftler

Stefan Georg
Hochschule für Technik und Wirtschaft
des Saarlandes
Saarbrücken, Deutschland

Lara Joy Georg
Quierschied, Deutschland

Susan Pulham
Hochschule für Technik und Wirtschaft
des Saarlandes
Saarbrücken, Deutschland

ISSN 2197-6708 ISSN 2197-6716 (electronic)
essentials
ISBN 978-3-658-52232-2 ISBN 978-3-658-52233-9 (eBook)
https://doi.org/10.1007/978-3-658-52233-9

Die Deutsche Nationalbibliothek verzeichnet diese Publikation in der Deutschen Nationalbibliografie; detaillierte bibliografische Daten sind im Internet über https://portal.dnb.de abrufbar.

Planung/Lektorat: Catarina Gomes de Almeida
Springer Gabler ist ein Imprint der eingetragenen Gesellschaft Springer Fachmedien Wiesbaden GmbH und ist ein Teil von Springer Nature.
Die Anschrift der Gesellschaft ist: Abraham-Lincoln-Str. 46, 65189 Wiesbaden, Germany

Was Sie in diesem *essential* finden können

- Zufallsexperimente als Grundlage der Wahrscheinlichkeitsrechnung
- Ergebnismenge, Ereignisraum und Wahrscheinlichkeitsmaß
- Bedingte Wahrscheinlichkeiten
- Eindimensionale diskrete Zufallsvariablen
- Eindimensionale stetige Zufallsvariablen
- Momente von Zufallsvariablen
- Zweidimensionale Zufallsvariablen
- Zentraler Grenzwertsatz
- Anwendungen der Wahrscheinlichkeitsrechnung

Vorwort

Wir haben es wieder getan. Nachdem Lara Joy Georg und Stefan Georg im Jahr 2025 im Springer Essential *Einfach nur Buchführung. Ein schneller Einstieg in das externe Rechnungswesen* das Konzept der Buchführung kompakt und anschaulich erklärt haben, widmen sie sich nun der Wahrscheinlichkeitsrechnung als Teil der Stochastik. Unterstützt werden sie dabei von Susan Pulham, die wie Stefan Georg an der Hochschule für Technik und Wirtschaft des Saarlandes in der Fakultät für Wirtschaftswissenschaften lehrt und mit *Statistik leicht gemacht* bereits vor mehr als zehn Jahren ein erfolgreiches Lehrbuch veröffentlich hat.

Viele Studierende (und durchaus auch Schülerinnen und Schüler der gymnasialen Oberstufe) haben großen Respekt vor der Wahrscheinlichkeitsrechnung, oftmals auch nur deshalb, weil sie mit der Mathematik verbunden wird, die unter vielen Menschen als schwierig gilt. Doch die Wahrscheinlichkeitsrechnung ist keine Hexerei. Das Autorenteam hat sich deshalb zum Ziel gesetzt, die wesentlichen Methoden dieses auch im unternehmerischen Kontext sehr hilfreichen Konzeptes besonders anschaulich darzustellen. Wortreiche Erklärungen mit klaren Beispielen statt umfangreicher „Formelfriedhöfe" dominieren deshalb auch dieses *Essential.* Dennoch kommt auch dieses Buch nicht ohne Formeln aus. Letztlich soll die Leserschaft in die Lage versetzt werden, die Methoden der Wahrscheinlichkeitsrechnung aus Schule und Studium verstehen und anwenden zu können, was ohne Rechnungen nicht möglich ist.

Lassen Sie sich also ein auf Zufallsexperimente und Zufallsvariablen, auf Wahrscheinlichkeiten, Dichte- und Verteilungsfunktionen, auf Erwartungswert, Varianz und Korrelation. Sie werden sehen, diese Themen sind gar nicht so kompliziert und eigentlich sogar gut zu verstehen.

Saarbrücken, Deutschland
Quierschied, Deutschland

Stefan Georg
Lara Joy Georg
Susan Pulham

Inhaltsverzeichnis

Abbildungsverzeichnis

Tabellenverzeichnis

Wahrscheinlichkeitsrechnung, Statistik und Stochastik 1

1.1 Abgrenzung der Teilgebiete und wichtige Begriffe

Die Wahrscheinlichkeitsrechnung stellt einen Teilbereich der Stochastik dar und bildet ein – wie wir noch sehen werden – unverzichtbares Werkzeug der Wirtschaftswissenschaften. Jedoch empfinden viele Studierende Respekt oder sogar Angst vor den stochastischen Methoden, da sie oft mit komplizierten Formeln und abstrakten Konzepten verbunden werden. Dieses Buch soll die Wahrscheinlichkeitsrechnung so erklären, dass sie verständlich, greifbar und anwendungsnah ist. Im Mittelpunkt stehen Erklärungen in einfachen Worten. Formeln werden auch verwendet, nämlich genau dann, wenn es unbedingt notwendig ist – und auch dann werden sie ausführlich erläutert.

Neben der Wahrscheinlichkeitsrechnung stellt die Statistik den zweiten Teilbereich der Stochastik dar. Die Statistik gilt als die Wissenschaft vom Sammeln, Auswerten und Interpretieren von Daten. Sie hilft uns, aus einer Vielzahl von Informationen sinnvolle Schlüsse zu ziehen und Unsicherheiten zu quantifizieren. Wenn beispielsweise ein Unternehmen wissen will, ob eine neue Werbekampagne zu mehr Verkäufen führt, dann kann es mit statistischen Methoden herausfinden, ob ein beobachteter Umsatzanstieg tatsächlich an der Kampagne liegt oder nur Zufall ist.

Oft werden die Wahrscheinlichkeitsrechnung und die Statistik begrifflich gleichgesetzt, doch sie unterscheiden sich deutlich:

- Die **Wahrscheinlichkeitsrechnung** beschäftigt sich mit der theoretischen Beschreibung von Zufall und Unsicherheit. Sie fragt: „Wie wahrscheinlich ist ein bestimmtes Ereignis, wenn wir die Regeln des Zufalls kennen?“ So kann die

S. Georg et al., *Einfach nur Wahrscheinlichkeitsrechnung*, essentials,
https://doi.org/10.1007/978-3-658-52233-9_1

Wahrscheinlichkeitsrechnung aufzeigen, wie wahrscheinlich es ist, beim Würfeln die Zahl 6 zu erhalten. Die Statistik würde aus vielen Würfen schätzen, wie oft tatsächlich die Zahl 6 fällt, und daraus Rückschlüsse ziehen.
- Dagegen nutzt die **Statistik** (empirische) Daten aus der Realität, um Rückschlüsse auf die zugrunde liegenden Wahrscheinlichkeiten oder Zusammenhänge zu ziehen. Sie fragt: „Was können wir aus beobachteten Daten über die unbekannten Wahrscheinlichkeiten lernen?“ Dabei lässt sich die Statistik in einen deskriptiven (beschreibenden) und einen induktiven (schließenden) Part unterscheiden.

In diesem Buch behandeln wir zwar weder die deskriptive noch die induktive Statistik, sondern die Wahrscheinlichkeitsrechnung, wir sollten dennoch zunächst ein paar Begriffe klären, wie sie auch in der Statistik genutzt werden und dabei das Verständnis für die Wahrscheinlichkeitsrechnung erleichtern:

- Die Menge aller Objekte oder Personen, über die wir eine Aussage treffen wollen (z. B. alle Kunden eines Unternehmens), heißt **Grundgesamtheit**.
- Als **Stichprobe** bezeichnen wir die Teilmenge der Grundgesamtheit, die tatsächlich untersucht wird (bspw. 100 zufällig ausgewählte Kunden).
- Das **Merkmal** beschreibt eine Eigenschaft, die wir untersuchen wollen (z. B. das Alter oder das Einkommen einer Person).
- Dagegen verstehen wir unter der **Merkmalsausprägung** den konkreten Wert eines Merkmals (z. B. 25 Jahre, 2000 €).
- Zahlenwerte wie das Einkommen in Euro oder das Alter in Jahren stellen **quantitative Daten** dar.
- Dagegen sprechen wir von **qualitativen Daten**, wenn wir bspw. nominalskalierte Werte erfassen wie das Geschlecht oder den Beruf einer Merkmalsträgers.

Um Daten übersichtlich darzustellen, werden sie oft gezählt und in Prozentwerte umgerechnet. Dazu betrachten wir einmal das Beispiel, dass von 100 befragten Personen 60 ein bestimmtes Produkt besitzen. In diesem Fall beträgt die

- **absolute Häufigkeit** 60 (Personen) und die
- **relative Häufigkeit** 60 von 100 = 60 % bzw. 0,6.

In der Praxis interessieren auch Lage- und Streuungsmaße von Daten.

- Der **arithmetische Mittelwert** als „typischer" Wert einer Zahlenreihe, errechnet sich dadurch, dass man alle Einzelwerte addiert und durch die Anzahl der Werte teilt. Er erfordert kardinal- oder metrisch-skalierte Daten und wird im Alltag oft auch als Durchschnitt bezeichnet.

$$\text{Arithmetischer Mittelwert} = \frac{\text{Summe aller Werte}}{\text{Anzahl der Werte}}$$

- Der **Median** beschreibt den Wert, der genau in der Mitte aller Werte liegt, wenn diese der Größe nach sortiert sind. Er ist besonders nützlich, wenn Ausreißer (also extrem hohe oder niedrige Werte) das Bild verzerren oder die Daten nur ordinal-skaliert, aber nicht metrisch-skaliert sind. Bei ordinal-skalierten Daten besteht nur die Anforderung, dass sich diese in einer Reihenfolge angeben lassen, bspw. Platz 1, Platz 2 etc. eines sportlichen Wettbewerbs.
- **Streuungsmaße** zeigen, wie sehr sich die einzelnen Werte unterscheiden. Bei einer kleinen Streuung liegen die Werte eng beieinander an; bei einer großen Streuung sind die einzelnen Werte weit verteilt.
- **Wahrscheinlichkeiten** helfen uns dabei, Unsicherheiten zu beschreiben. Sie geben an, wie wahrscheinlich ein Ereignis ist – zum Beispiel, dass ein Kunde ein Produkt kauft.
- Die Statistik hilft auch dabei, Zusammenhänge (**Korrelationen**) zwischen Merkmalen zu erkennen, bspw. zwischen dem Werbebudget und dem Umsatz eines Unternehmens. Nicht jeder statistische Zusammenhang bedeutet aber, dass das eine Merkmal das andere Merkmal verursacht! Wir dürfen also Korrelation nicht mit Kausalität verwechseln.

Statistik und Wahrscheinlichkeitsrechnung sind weniger kompliziert, als Sie vielleicht glauben. Mit einfachen Worten, anschaulichen Beispielen und etwas Übung werden sie zu nützlichen Werkzeugen für die Wirtschaftswissenschaften. Formeln sind hilfreich – aber das Verständnis der Konzepte steht immer im Vordergrund.

1.2 Aufgaben und Ziele der Wahrscheinlichkeitsrechnung

Statistische Analysen und wirtschaftswissenschaftliche Modelle beruhen häufig auf der Annahme, dass viele Vorgänge vom Zufall beeinflusst werden. Die Wahrscheinlichkeitsrechnung – auch Wahrscheinlichkeitstheorie genannt – ist das mathematische Handwerkszeug, mit dem wir Zufall und Unsicherheit systematisch beschreiben und analysieren können.

Im Alltag und in der Wirtschaft treffen wir ständig Entscheidungen unter Unsicherheit. Denn niemand kann mit Sicherheit vorhersagen, wie viele Kunden morgen ein Geschäft besuchen werden, wie sich der Aktienkurs in der Zukunft entwickeln wird oder ob eine neue Produktidee ein Erfolg sein kann. Glücklicherweise hilft uns die Wahrscheinlichkeitsrechnung, solche Unsicherheiten zu quantifizieren und besser zu verstehen. Betrachten Sie dazu die folgenden Beispiele:

- Ein Unternehmen möchte wissen, wie groß die Wahrscheinlichkeit dafür ist, dass ein Kunde ein bestimmtes Produkt kauft.
- Eine Versicherung muss abschätzen, wie wahrscheinlich es ist, dass ein Schadensfall eintritt.
- Ein Investor möchte das Risiko und die erwartete Rendite einer Geldanlage einschätzen.

Doch was leistet die Wahrscheinlichkeitsrechnung? In erster Linie liefert sie uns Methoden, um

- zufällige Ereignisse zu beschreiben,
- deren Eintrittswahrscheinlichkeit zu bestimmen,
- die Zusammenhänge zwischen verschiedenen Zufallsereignissen zu erkennen,
- und auf Basis dieser Informationen fundierte Entscheidungen zu treffen.

Damit bildet sie die Grundlage für viele weitere Methoden der Statistik, wie zum Beispiel das Schätzen von Parametern, das Testen von Hypothesen oder die Prognose zukünftiger Entwicklungen.

Die Fähigkeit, Wahrscheinlichkeiten richtig einzuschätzen, ist eine Schlüsselkompetenz – gerade auch für Wirtschaftswissenschaftler. Sie hilft, betriebliche Risiken zu erkennen, Chancen zu bewerten und rationale Entscheidungen zu treffen – sei es bei Investitionen, im Marketing, im Personalmanagement oder in der Produktion. Somit können wir mit den Methoden der Wahrscheinlichkeitsrechnung

- Unsicherheit messbar machen,
- Risiken bewerten,
- und bessere, nachvollziehbare Entscheidungen treffen.

Die Wahrscheinlichkeitsrechnung ist also kein „Bauchgefühl“, sondern eine strukturierte, nachvollziehbare Methode, um mit Unsicherheit umzugehen.

Grundbegriffe der Wahrscheinlichkeitsrechnung

2

Bevor wir mit der eigentlichen Rechnung beginnen, ist es wichtig, die grundlegenden Begriffe der Wahrscheinlichkeitsrechnung zu verstehen. Sie bilden die Basis, auf dem alle weiteren Überlegungen und Berechnungen aufbauen. Wir erklären Ihnen die Begriffe anschaulich und anhand einfacher Beispiele.

2.1 Zufallsexperiment

Ein **Zufallsexperiment** ist ein Vorgang, der nach genau festgelegten Regeln abläuft, dessen Ausgang aber nicht sicher vorhergesagt werden kann. Das Ergebnis ist also vom Zufall abhängig. Anschauliche Beispiele für Zufallsexperimente sind bspw.:

- Das Werfen eines Würfels: Man weiß nicht, welche Zahl oben liegen wird.
- Das Ziehen einer Karte aus einem Kartenspiel: Vor dem Ziehen ist nicht klar, welche Karte man erhält.
- Das Befragen von Kunden nach ihrer Meinung zu einem Produkt: Man weiß nicht im Voraus, wie die Kunden antworten. Gefällt ihnen das Produkt?

Typisch für ein Zufallsexperiment ist, dass es unter denselben Bedingungen beliebig oft wiederholt werden kann.

Im Alltag und in der Wirtschaft gibt es eine Vielzahl von Situationen, die sich als Zufallsexperiment beschreiben lassen. Der Besuch der Produktion eines Herstellers von Tiefkühlpizza hat gezeigt, dass bei der Herstellung von Pizza der Sorte Salami eine Wurstmaschine die Teigrohlinge meist korrekt mit acht Scheiben

S. Georg et al., *Einfach nur Wahrscheinlichkeitsrechnung*, essentials,
https://doi.org/10.1007/978-3-658-52233-9_2

Salami belegt. In einigen wenigen Fällen kommt es aber zu Abweichungen bis hin zur Situation, dass ein Rohling komplett vergessen wird und gar nicht mit Salami belegt wird. Auch dieser Prozess hat den Charakter eines Zufallsexperimentes mit den Ergebnissen „Rohling ist korrekt mit 8 Scheiben Salami belegt", „Rohling erhält mehr als acht Scheiben Salami" und „Rohling erhält weniger als acht Scheiben Salami".

Oder denken Sie an die Zeit der Pandemie, als sich viele Menschen einem sogenannten Corona-Test unterzogen haben. Auch dieser Test hatte Charakter eines Zufallsexperimentes, da der Test zwar meistens Kranke als krank und Gesunde als gesund identifiziert hat, es gab aber auch Fälle, bei denen der Test Kranke als gesund und Gesunde als krank eingestuft hat, ohne dass die Testperson einen Anwendungsfehler gemacht hat.

Fassen wir diese Informationen zusammen, so können wir feststellen, dass Zufallsexperimente Geschehnisse beschreiben, deren grundsätzlich mögliche Ergebnisse uns zwar bekannt sind, wobei wir aber den konkreten Ausgang einer Durchführung des Experimentes im Vorfeld nicht mit Sicherheit angeben können.

2.2 Ergebnismenge und Ereignisse

Die **Ergebnismenge** (manchmal auch Ergebnisraum genannt) ist die vollständige Auflistung aller möglichen Ergebnisse eines Zufallsexperiments. Beispielsweise lautet beim Würfeln mit einem normalen Würfel die Ergebnismenge: $\{1, 2, 3, 4, 5, 6\}$

In der Wahrscheinlichkeitsrechnung wird die Ergebnismenge oft mit dem Buchstaben Omega symbolisiert: Ω

Ein **Ereignis** ist eine „Zusammenfassung" von einem oder mehreren möglichen Ergebnissen eines Zufallsexperiments. Mathematisch bildet ein Ereignis A also eine (beliebige) Teilmenge der Ergebnismenge: $A \subset \Omega$

Schauen wir uns dazu ein paar Beispiele an:

- Beim Würfeln: „Es fällt eine gerade Zahl" ist das Ereignis $\{2, 4, 6\}$ und damit eine Teilmenge der Ergebnismenge $\{1, 2, 3, 4, 5, 6\}$.
- Beim Kartenziehen: „Es wird ein Herz gezogen" ist das Ereignis aller Herz-Karten.

Ein Ereignis kann auch nur aus einem einzigen Ergebnis hervorgehen („Es fällt eine 5") und wird dann als **Elementarereignis** bezeichnet. Elementarereignisse spielen für das Wahrscheinlichkeitsmaß noch eine wichtige Rolle.

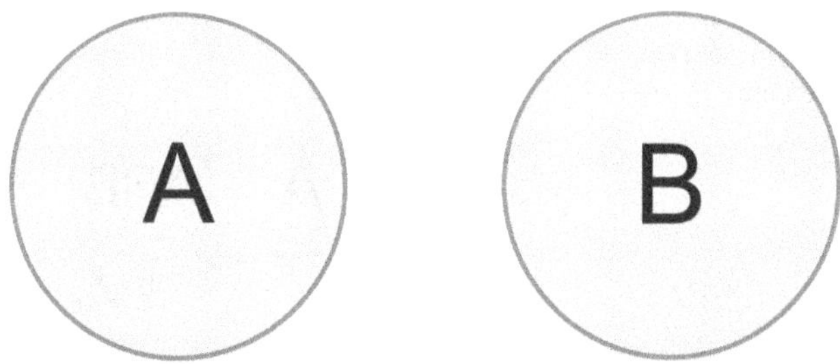

Abb. 2.1 Darstellung disjunkter Ereignisse im Venn-Diagramm

Beachten Sie, auch die leere Menge als Symbol für das unmögliche Ereignis und die Ergebnismenge als Symbol für das sichere Ereignis sind Teilmengen der Ergebnismenge. Sie haben richtig gelesen, die Ergebnismenge ist auch eine Teilmenge von sich selbst. Jede Menge ist grundsätzlich eine Teilmenge von sich selbst.

Die Menge aller Ereignisse bildet den **Ereignisraum**, der oft mit dem Symbol $\mathscr{F}$ gekennzeichnet wird. Der Ereignisraum hat also als Elemente die einzelnen Ereignisse und damit selbst lauter Mengen.

Übrigens, ist die Schnittmenge zweier Ereignisse A und B leer, gibt es also kein Ergebnis, das sowohl zum Eintritt von Ereignis A als auch zum Ereignis B führt, dann heißen die beiden Mengen **disjunkt**. Nehmen wir mal an, es gelte $A = \{1,2\}$ und $B = \{5,6\}$. Die Schnittmenge von A und B (also $A \cap B$) ist dann die leere Menge, sodass A und B disjunkt sind. Abb. 2.1 zeigt zwei disjunkte Ereignisse A und B.

Und schließlich sollten Sie noch wissen, dass es zu jedem Ereignis A ein **Gegenereignis** ζA gibt, sodass die Schnittmenge von A und ζA leer ist, die Vereinigungsmenge der beiden aber die Ergebnismenge Ω ergibt.

Für das Arbeiten mit Ereignissen (Mengen) gibt es eine Vielzahl von Rechenregeln. Vielleicht kennen sie diese schon aus dem Schulunterricht. Wir wollen sie an dieser Stelle aber noch einmal zusammenfassen. Dabei gehen wir davon aus, dass A, B und C Ereignisse seien, ζA das Gegenereignis von A darstellt, Ω die Ergebnismenge beschreibt und $\varnothing$ die leere Menge (das unmögliche Ereignis) symbolisiert. Dann gilt:

(1) $A \cup \varnothing = A$
(2) $A \cap \varnothing = \varnothing$
(3) $A \cup \Omega = \Omega$
(4) $A \cap B \subseteq A$

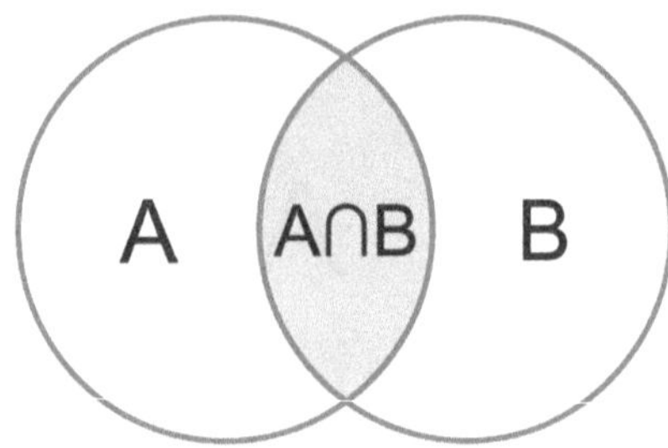

Abb. 2.2 Schnittmenge zweier Ereignisse A und B als Venn-Diagramm

(5) $A \cup A = A$
(6) $A \cap A = A$
(7) $A \cap \Omega = A$
(8) $A \cup B = B \cup A$
(9) $A \cap B = B \cap A$
(10) $A \cup (B \cup C) = (A \cup B) \cup C$
(11) $A \cap (B \cap C) = (A \cap B) \cap C$
(12) $A \cup (B \cap C) = (A \cup B) \cap (A \cup C)$
(13) $A \cap (B \cup C) = (A \cap B) \cup (A \cap C)$
(14) $\zeta\,(A \cup B) = \zeta A \cap \zeta B$
(15) $\zeta(A \cap B) = \zeta A \cup \zeta B$
(16) $A = (A \cap B) \cup (A \cap \zeta B)$ mit $(A \cap B) \cap (A \cap \zeta B) = \emptyset$

Zugegeben, das sind ganz schön viele Regeln. Die meisten davon sollten Ihnen aber sehr einleuchtend sein. Sie können Sie sich auch klar machen, indem Sie sich ein Venn-Diagramm erstellten, wie wir es in Abb. 2.2 für die Schnittmenge zweier Ereignisse A und B getan haben.

2.3 Wahrscheinlichkeitsmaß

Bei Zufallsexperimenten ist es häufig von Interesse, mit welchen Wahrscheinlichkeiten bestimmte Situationen auftreten. Man hat sich darauf verständigt, dass eine Situation, die unmöglich ist, mit einer Wahrscheinlichkeit von 0 bewertet wird; dagegen bewertet man eine Situation, die sicher eintritt, mit einer Wahrscheinlichkeit von 1. Damit liegt der Wertebereich der Wahrscheinlichkeit im Intervall von 0 bis einschließlich 1. Sie sollten niemals vergessen, dass negative Wahrscheinlichkeiten ebenso ausgeschlossen sind wie Wahrscheinlichkeiten größer als 1.

Zur Festlegung der Wahrscheinlichkeiten ordnen wir also jeder Situation eine Zahl zu, die die Wahrscheinlichkeit repräsentiert. Im mathematischen Sinn handelt es sich dabei um eine Abbildung mit einem Definitionsbereich und einem

Wertebereich. Den Wertebereich können wir bereits mit dem bereits diskutierten Intervall von 0 bis 1 angeben. Aber wie sieht es mit dem Definitionsbereich aus?

Auf den ersten Blick könnte der Definitionsbereich die Ergebnisse des Zufallsexperimentes umfassen. Dann wären wir in der Lage, den einzelnen Ergebnissen – beim Würfeln also den gewürfelten Augenzahlen 1 bis 6 – eine Wahrscheinlichkeit zuzuordnen. Wir könnten aber nicht die Wahrscheinlichkeit dafür angeben, eine gerade Zahl zu würfeln, denn die Situation „ich würfele eine gerade Zahl" wäre dann kein Element des Definitionsbereichs, denn das sind bisher ja nur die einzelnen Ergebnisse, aber keine Kombinationen dieser Ergebnisse. Deshalb greift man für das Wahrscheinlichkeitsmaß nicht auf die Ergebnismenge des Zufallsexperimentes zurück, sondern man nutzt den **Ereignisraum** $\mathscr{F}$. Dieser Ereignisraum enthält nicht nur die Einzelereignisse (die sogenannten Elementarereignisse), die sich direkt aus den Ergebnissen ableiten lassen, sondern auch alle möglichen Kombinationen der Ergebnisse des Zufallsexperimentes inkl. des unmöglichen Ereignisses, dargestellt durch eine leere Menge, und des sicheren Ereignisses, das der gesamten Ergebnismenge entspricht. Im Beispiel erhält der Ereignisraum dann also auch „ich würfele eine 2", „ich würfele eine 1, 2 oder 4" als auch „ich würfele eine 1, 2, 3, 4, 5 oder 6" sowie alle anderen möglichen Kombinationen, die man aus den einzelnen Ergebnissen bilden kann. Damit stellt unsere Wahrscheinlichkeit eine Abbildung von Ereignisraum (Definitionsbereich) in den Wertebereich von 0 bis 1 dar.

Ein Wahrscheinlichkeitsmaß stellt somit eine mathematische Funktion dar, die jedem Ereignis A eine Zahl P(A) aus dem Intervall von 0 bis 1 zuordnet. Diese Zahl wird als Wahrscheinlichkeit des Ereignisses bezeichnet.

- Für unmögliche Ereignisse gilt: P(A) = 0
- Für sichere Ereignisse gilt: P(A) = 1
- Werte zwischen 0 und 1 geben an, wie wahrscheinlich das Ereignis ist. Je näher der Wert bei 1 liegt, umso wahrscheinlicher ist das Eintreten des Ereignisses.

Damit eine Funktion P ein Wahrscheinlichkeitsmaß sein kann, muss sie die folgenden Axiome erfüllen:

1. **Nichtnegativität:** Für jedes Ereignis A gilt

$$P(A) \geq 0$$

2. **Normierung:** Die Wahrscheinlichkeit des sicheren Ereignisses (der gesamten Ergebnismenge Ω) ist 1:

$$P(\Omega) = 1$$

3. **Additivität:** Für zwei sich gegenseitig ausschließende Ereignisse A und B gilt:

$$P(A \cup B) = P(A) + P(B)$$

Diese Regeln sorgen dafür, dass Wahrscheinlichkeiten logisch konsistent sind.

Ein besonderer Fall ist die sogenannte **Laplace-Wahrscheinlichkeit**. Sie gilt, wenn alle möglichen Ergebnisse eines Zufallsexperiments gleich wahrscheinlich sind. Betrachten wir dazu unser schon häufig genutztes Würfelbeispiel: Beim Würfeln mit einem fairen Würfel gibt es 6 mögliche Ergebnisse, die alle gleich wahrscheinlich sind. Die Wahrscheinlichkeit für ein Ereignis A beträgt dann:

$$P(A) = \frac{\text{Anzahl der für } A \text{ günstigen Ergebnisse}}{\text{Anzahl aller möglichen Ergebnisse}}$$

Wenn das Ereignis zum Beispiel „Es fällt eine gerade Zahl“ ist, dann lauten die günstigen Ergebnisse {2, 4, 6}, also 3. Die Wahrscheinlichkeit ist demnach:

$$P(A) = \frac{3}{6} = \frac{1}{2} = 0{,}5$$

In der Praxis sind nicht immer alle Ergebnisse gleich wahrscheinlich. Deshalb wird das Wahrscheinlichkeitsmaß allgemein definiert, ohne die Gleichwahrscheinlichkeit vorauszusetzen. Es kann zum Beispiel auf Erfahrungswerten (aus empirischen Analysen), Modellen oder theoretischen Überlegungen basieren. Und damit wird der Zusammenhang der Wahrscheinlichkeitsrechnung zur Statistik hergestellt.

Das Wahrscheinlichkeitsmaß erfüllt aber noch eine wichtige Eigenschaft: Die Summe der Wahrscheinlichkeiten aller Elementarereignisse ist immer 1. Das liegt daran, dass die Vereinigungsmenge aller Elementarereignisse gerade der Ergebnismenge entspricht. Schauen wir uns auch dazu wieder das Würfelbeispiel an: Die 6 Elementarereignisse lauten in diesem Fall: {1}, {2}, {3}, {4}, {5} und {6}. Deren Vereinigungsmenge bildet die Ergebnismenge {1, 2, 3, 4, 5, 6}, die das sichere Ereignis bildet und damit eine Wahrscheinlichkeit von 1 erhält.

Und es gibt noch eine wichtige Eigenschaft, an die Sie immer wieder denken sollten: Auch die Summe der beiden Wahrscheinlichkeiten für ein Ereignis A und deren Gegenereignis beträgt immer 1. Nehmen wir noch einmal an, das Ereignis A beschreibe „ich würfele eine gerade Zahl“, also {2, 4, 6}. Das Gegenereignis ζA lautet dann „ich würfele *keine* gerade Zahl“, also {1, 3, 5}. Auch dieses Mal können Sie sehen, dass die Vereinigungsmenge von Ereignis A und dessen Gegenereignis ҁA die Ergebnismenge ergibt und damit das sichere Ereignis beschreibt.

2.4 Stochastische Unabhängigkeit

Die **stochastische Unabhängigkeit** beschreibt Situationen, in denen das Eintreten eines Ereignisses keinen Einfluss darauf hat, ob ein anderes Ereignis eintritt. Für viele Anwendungen in den Wirtschaftswissenschaften ist es wichtig zu wissen, wann Ereignisse unabhängig sind und wie man dies erkennt.

Zwei Ereignisse heißen **unabhängig**, wenn das Wissen über das Eintreten des einen Ereignisses keine Information über das andere liefert. Das bedeutet: Ob das eine passiert oder nicht, ändert nichts an der Wahrscheinlichkeit des anderen. Betrachten Sie dazu das folgende Beispiel: Das Werfen eines Würfels und das Werfen einer Münze sind unabhängig voneinander. Ob beim Würfeln eine 6 fällt, hat keinen Einfluss darauf, ob beim Münzwurf „Kopf“ erscheint.

Zwei Ereignisse A und B sind stochastisch unabhängig, wenn gilt:

$$P(A \cap B) = P(A) \cdot P(B)$$

Das heißt: Die Wahrscheinlichkeit, dass beide Ereignisse gleichzeitig eintreten, entspricht dem Produkt der beiden Einzelwahrscheinlichkeiten. Lassen Sie uns dieses Konzept auf das obige Beispiel übertragen:

- Die Wahrscheinlichkeit, beim Würfeln eine 6 zu werfen, beträgt $\frac{1}{6}$.
- Die Wahrscheinlichkeit, beim Münzwurf „Kopf“ zu erhalten, beträgt 0,5.
- Die Wahrscheinlichkeit, beides gleichzeitig zu erreichen, beträgt $\frac{1}{6} \cdot 0{,}5 = \frac{1}{12}$.

Somit sind in diesem Beispiel beide Ereignisse stochastisch unabhängig. Wenn dagegen zwei Ereignisse (statistisch) abhängig sind, dann beeinflusst das Eintreten des einen die Wahrscheinlichkeit des anderen. In diesem Fall gilt:

$$P(A \cap B) \neq P(A) \cdot P(B)$$

Schauen wir uns auch dazu ein Beispiel an: Ziehen Sie nacheinander zwei Karten aus einem Kartenspiel mit 32 Karten, ohne dass Sie die zunächst gezogene Karte wieder zurücklegen: Die Wahrscheinlichkeit, beim ersten Zug ein Ass zu ziehen, beträgt 4/32. Ist die erste gezogene Karte ein Ass, dann verbleiben nur noch 3 Asse im Stapel. Die Wahrscheinlichkeit, beim zweiten Zug ein Ass zu ziehen, beträgt dann nur noch 3/31. Die Ereignisse „Die erste gezogene Karte ist ein Ass." und „Die zweite gezogenen Karte ist ein Ass." sind also stochastisch abhängig.

In der Wirtschaftspraxis bildet die Annahme von Unabhängigkeit oft eine Vereinfachung, die Berechnungen erleichtert. Sie ist jedoch nicht immer gerechtfertigt. Deshalb ist es wichtig, kritisch zu prüfen, ob Ereignisse wirklich unabhängig sind. Betrachten Sie einmal das Beispiel einer Gruppe von 100 Personen, von denen 50 einen Sonnenbrand haben (A) und 50 Eis gegessen haben (B). Rein logisch hat das Essen von Eis und ein Sonnenbrand nichts gemeinsam. Aber wie sieht das stochastisch aus? Die Wahrscheinlichkeit von A und B beträgt in diesem Fall jeweils 0,5. Das Produkt der beiden Wahrscheinlichkeiten ist somit 0,25. Das wiederum bedeutet, dass 25 der 100 Personen sowohl einen Sonnenbrand als auch Eis gegessen haben müssen, damit die Wahrscheinlichkeit des gleichzeitigen Eintreffens beider Ereignisse auch 0,25 sein kann. Das ist bei 100 Personen aber gar nicht möglich. Wenn nämlich 25 Personen zur Schnittmenge von A und B zählen, dann sind jeweils 25 Personen nur in A und 25 Personen nur in B. Insgesamt haben wir dann aber nur 75 Personen und keine 100. Trotz logischer Unabhängigkeit sind in diesem Fall die beiden Ereignisse also stochastisch abhängig.

2.5 Zufallsvariablen

Oft sind die Ergebnisse eines Zufallsexperimentes unhandlich zu verarbeiten, vor allem, wenn man die Ergebnisse in Worten beschreiben muss. Auch deshalb greift man auf das Konzept der Zufallsvariablen zurück.

Eine **Zufallsvariable** beschreibt eine Funktion, die jedem Ergebnis eines Zufallsexperiments eine Zahl zuordnet. Somit hilft sie dabei, Zufallsexperimente mathematisch zu beschreiben. Beispielhaft kann beim Würfeln die Zufallsvariable X die geworfene Augenzahl sein (also X = 1, 2, 3, 4, 5 oder 6). Vielleicht treffen Sie sich aber auch regelmäßig mit Freunden. Gegen Ende des Jahres wollen Sie einen weihnachtlichen Freizeitpark besuchen und halten deshalb eine Ausflugskasse vor. Immer, wenn Sie sich treffen, werfen Sie eine Münze, um die Höhe des Betrages zu bestimmen, den Sie in die Ausflugskasse einzahlen müssen. Wenn nach dem Münzwurf auf der Münze die Vorderseite (Zahl) sichtbar ist, dann müssen Sie 5 € einzahlen, wenn dagegen die Rückseite der Münze zu sehen, werden 10 € fällig. Die Zufallsvariable ordnet dann dem Ergebnis des Zufallsexperimentes Münzwurf die Zahlen 5 oder 10 zu.

Grundsätzlich kann man diskrete von stetigen Zufallsvariablen unterscheiden.

- Für eine **diskrete Zufallsvariable** gilt, dass diese nur bestimmte Einzelwerte annehmen kann (z. B. die Augenzahl beim Würfeln), die man (zumindest theoretisch) aufzählen kann, auch wenn es unendlich viele sein können (bspw. alle natürlichen Zahlen).
- Dagegen kann eine **stetige Zufallsvariable** beliebige Werte in einem Intervall annehmen (bspw. die Zeit, die ein Kunde an der Kasse wartet, wenn diese Zeit beliebig genau messbar ist). In diesem Fall sind die möglichen Ergebnisse nicht aufzählbar (bspw. alle reellen Zahlen).

Die Regeln des Wahrscheinlichkeitsmaßes sind auch auf Zufallsvariablen zu übertragen. Letztlich liegt ja auch einer jeden Zufallsvariablen ein Zufallsexperiment zu Grunde. Wir können somit die Wahrscheinlichkeiten dafür bestimmen, dass eine Zufallsvariable X bestimmte Werte k annimmt:

- Mit $P\{X = 3\}$ geben wir die Wahrscheinlichkeit an, dass die Zufallsvariable X den Wert 3 annimmt.
- Mit $P\{X > 2\}$ geben wir die Wahrscheinlichkeit an, dass die Zufallsvariable X größere Werte als 2 annimmt.
- Mit $P\{X \leq 2\}$ geben wir die Wahrscheinlichkeit an, dass die Zufallsvariable X höchstens den Wert 2 annimmt.

Wichtig: Das Ereignis des dritten Beispiels, also dass die Zufallsvariable X einen Wert $\leq x$ (hier also ≤ 2) annimmt, beschreibt man in der Wahrscheinlichkeitsrechnung mittels der sogenannten **Verteilungsfunktion** $F_X(x)$. Die Verteilungsfunktion wird noch eine große Rolle in diesem Buch spielen. Merken Sie sich also am besten jetzt schon, dass gilt: $F_X(x) = P\{X \leq x\}$

2.6 Aufgabe zu den Grundbegriffen

Kap. 2 war doch insgesamt sehr stark von Begriffen und dem Grundkonzept der Wahrscheinlichkeitsrechnung geprägt. Schauen wir uns deshalb eine Abschlussaufgabe an, bei der Sie entscheiden sollen, ob die Aussagen richtig oder falsch sind. Im Anschluss an die Aufgabenstellung erhalten Sie auch die Lösungen. Und jetzt geht es los:

$(\Omega, \mathcal{F}, P)$ sei ein Wahrscheinlichkeitsraum und A, B, C seien Ereignisse mit $A \cap B = \varnothing$ und $P(A) = P(B) = P(C) = \frac{1}{3}$. Zudem bezeichnet ζA das Gegenereignis von A. Welche Aussagen sind richtig, welche sind falsch?

(01) $\mathcal{F} \subset \Omega$
(02) $(A \cap C) \subset \mathcal{F}$
(03) $P: \Omega \to \mathbb{R}$
(04) A und B sind stochastisch unabhängig
(05) A und B sind disjunkt
(06) $P(\zeta(A \cap B \cap C)) = 1$
(07) $P(\Omega) \leq 1$
(08) $\Omega \subset \mathcal{F}$
(09) $A \in \mathcal{F}$
(10) $P: \Omega \to [0;1]$
(11) $P: \mathcal{F} \to \mathbb{R}$
(12) $P(A \cap B \cap C) = 0$
(13) $P(A \cup B \cup C) = 1$
(14) $P(A) = 1 - P(B) - P(C)$
(15) $P(B) = P(C) \Leftrightarrow B = C$
(16) $P(A) + P(B) = P(A \cup B) + P(A \cap B)$

Lösungen (und Erläuterungen) zu dieser Aufgabe:

(01) ist falsch, denn die Ereignismenge ist keine Teilmenge der Ergebnismenge; stattdessen ist die Ergebnismenge ein *Element* der Ereignismenge.
(02) ist falsch, denn $A \cap C \in \mathcal{F}$, d. h. auch die Schnittmenge zweier Ereignisse ergibt ein Ereignis, das ein *Element* des Ereignisraums ist.
(03) ist falsch, denn $P: \mathcal{F} \to \mathbb{R}$, d. h. es handelt sich beim Wahrscheinlichkeitsmaß um eine Abbildung mit dem *Ereignisraum* als Definitionsbereich.
(04) ist falsch, denn $P(A \cap B) = 0 \neq P(A) \cdot P(B)$. Hier muss aber die Gleichheit gelten, damit die Ereignisse A und B stochastisch unabhängig sein können.
(05) ist richtig, denn $A \cap B = \varnothing$. Der Hinweis auf die leere Menge zeigt uns, dass es keine gemeinsamen Elemente von A und B gibt.
(06) ist richtig, denn $P(\zeta(A \cap B \cap C)) = P(\zeta\, \varnothing) = P(\Omega) = 1$. Da die Schnittmenge von A und B bereits leer ist, muss die Schnittmenge von A, B und C ebenfalls leer sein. Die leere Menge als Kennzeichnen für das unmögliche Ereignis beschreibt jedoch das Gegenereignis zum sicheren Ereignis.
(07) ist richtig, denn $P(\Omega) = 1 \leq 1$

(08) ist falsch, denn $\Omega \in \mathscr{F}$. Wichtig ist, der Ereignisraum $\mathscr{F}$ b einhaltet als Elemente selbst wieder Mengen wie bspw. die Ergebnismenge Ω.

(09) ist richtig, denn das Ereignis A ist Element des Ereignisraums.

(10) ist falsch, denn P: $\mathscr{F} \rightarrow \mathbb{R}$. Der Ereignisraum stellt den Definitionsbereich des Wahrscheinlichkeitsmaßes dar, nicht die Ergebnismenge.

(11) ist richtig, denn der eigentliche Wertebereich, das Intervall von 0 bis 1, ist eine Teilmenge der reellen Zahlen.

(12) ist richtig, denn bereits die Schnittmenge von A und B ist die leere Menge: $A \cap B = \varnothing$

(13) ist falsch, denn $P(A \cup B \cup C) \leq P(A) + P(B) + P(C) = 1$. Dies liegt daran, dass es durchaus gemeinsame Elemente bei B und C geben kann.

(14) ist richtig, denn $\frac{1}{3} = 1 - \frac{1}{3} - \frac{1}{3}$

(15) ist falsch, denn $P(B) = P(C)$, denn dass die Wahrscheinlichkeiten gleich groß sind, garantiert nicht, dass auch die Ereignisse gleich sind. Aber: Sind B und C identisch, dann gilt auch $P(B) = P(C)$.

(16) ist richtig, denn $P(A \cup B) = P(A) + P(B) - P(A \cap B)$

Kombinatorik und bedingte Wahrscheinlichkeiten

3

3.1 Urnenexperimente

Die **Kombinatorik** beschäftigt sich mit der Frage: „Wie viele Möglichkeiten gibt es, Dinge anzuordnen oder auszuwählen?" Sie ist oft die Grundlage für Wahrscheinlichkeitsberechnungen, zum Beispiel bei der Frage: „Wie viele verschiedene Lottoreihen gibt es?" oder „Wie viele Möglichkeiten gibt es, Produkte aus einem Sortiment zu wählen?" In vielen Büchern zur Wahrscheinlichkeitsrechnung wird sie aus den sogenannten Urnenexperimenten abgeleitet, bei denen eine bestimmte Anzahl von Kugeln einer Farbe aus einer Urne mit Kugeln unterschiedlicher Farbe entnommen werden.

Kombinatorische Überlegungen sind überall dort gefragt, wo es um das systematische Zählen von Möglichkeiten geht – ohne jede einzelne Kombination aufschreiben zu müssen. Dabei sind vier verschiedene Situationen zu unterscheiden, die sich an zwei Fragen festmachen lassen:

- Werden Elemente mit oder ohne Zurücklegen gezogen?
- Spielt die Reihenfolge der gezogenen oder ausgewählten Elemente eine Rolle, oder nicht?

Aus der Beantwortung dieser Fragen ergeben sich vier typische Situationen (Tab. 3.1):

Betrachten wir nun die vier Varianten nacheinander und beginnen wir mit:

Situation 1: **Mit Zurücklegen, Reihenfolge ist wichtig** (sogenannte Variationen mit Zurücklegen)

S. Georg et al., *Einfach nur Wahrscheinlichkeitsrechnung*, essentials,
https://doi.org/10.1007/978-3-658-52233-9_3

Tab. 3.1 Möglichkeiten der Urnenexperimente

	Mit Zurücklegen	Ohne Zurücklegen
Reihenfolge wichtig	1. Variante	3. Variante
Reihenfolge unwichtig	2. Variante	4. Variante

Zunächst einmal wollen wir für Situation 1 ein Beispiel betrachten: Sie sind in einem Tapas-Restaurant und dürfen aus 5 Speisen jede beliebig oft auswählen, insgesamt aber genau 3 Speisen. Wie viele Möglichkeiten gibt es, wenn die Reihenfolge der Auswahl wichtig ist?

Entscheidend für diese Fragestellungen sind die Parameter n = Anzahl der verschiedenen Elemente (hier: 5 Speisen) und k = Anzahl der Ziehungen (hier: 3 Auswahlen)

In diesem Fall ergeben sich $n^k = 5^3 = 125$ Kombinationsmöglichkeiten. Wir verzichten darauf, uns die Mühe zu machen, die einzelnen Möglichkeiten alle aufzuschreiben.

In Situation 2 betrachten wir nun den Fall: **Mit Zurücklegen, Reihenfolge ist beliebig** (sogenannte Kombinationen mit Zurücklegen)

Variieren wir nun das Beispiel aus Variante 1: Sie sind in einem Tapas-Restaurant und dürfen aus 5 Speisen jede beliebig oft auswählen, insgesamt aber genau 3 Speisen. Wie viele Möglichkeiten gibt es, wenn die Reihenfolge der Auswahl keine Rolle spielt?

In diesem Fall haben Sie deutlich weniger Kombinationsmöglichkeiten, nämlich lediglich:

$$\binom{n+k-1}{k} = \binom{5+3-1}{3} = \binom{7}{3} = \frac{7 \cdot 6 \cdot 5}{3 \cdot 2 \cdot 1} = 35$$

Es spielt in diesem Fall ja keine Rolle, ob Sie zunächst patatas bravas (frittierte Kartoffelwürfel, meist mit scharfer Soße) und dann Tortilla (Kartoffel-Omelette) essen oder umgekehrt.

Kommen wir nun zu Situation 3: **Ohne Zurücklegen, Reihenfolge ist wichtig** (sogenannte Variationen ohne Zurücklegen)

Wir variieren unser Beispiel von eben erneut: Sie sind in einem Tapas-Restaurant und dürfen aus 5 Speisen jede höchstens einmal auswählen, insgesamt aber genau 3 Speisen. Wie viele Möglichkeiten gibt es, wenn die Reihenfolge der Auswahl wichtig ist?

Sie wählen somit 3 verschiedene Speisen nacheinander aus. Bei der ersten Speise stehen Ihnen dann noch 5 zur Auswahl, bei der zweiten sind es nur noch 4 und bei der dritten letztlich noch 3. Damit haben Sie:

$$n \cdot (n-1) \cdot (n-2) = 5 \cdot 4 \cdot 3 = 60 = \frac{n!}{(n-k)!} \text{ Möglichkeiten}$$

Dabei ist n! (sprich: n Fakultät) das Produkt aller Zahlen von 1 bis n.

Und zum Abschluss betrachten wir noch Situation 4: **Ohne Zurücklegen, Reihenfolge beliebig** (sogenannte Kombinationen ohne Zurücklegen)

Erneut variieren wir das schon bekannte Beispiel: Sie sind in einem Tapas-Restaurant und dürfen aus 5 Speisen jede höchstens einmal auswählen, insgesamt aber genau 3 Speisen. Wie viele Möglichkeiten gibt es, wenn die Reihenfolge der Auswahl keine Rolle spielt?

In diesem Fall haben Sie noch genau

$$\binom{n}{k} = \binom{5}{3} = \frac{5 \cdot 4 \cdot 3}{3 \cdot 2 \cdot 1} = 10 \text{ Möglichkeiten.}$$

Die vier Fälle sind doch gar nicht so schwierig zu unterscheiden, oder? Wir benötigen die Kombinatorik aber nicht nur bei Kartenspielen oder Losziehungen, sondern auch bei Warenproben in der Qualitätskontrolle (mit/ohne Zurücklegen, ohne dass die Reihenfolge wichtig ist) oder bei der Bildung von Telefonnummern, Zugangscodes oder Sitzordnungen (mit/ohne Zurücklegen, wobei die Reihenfolge wichtig ist).

Für das korrekte Erkennen der Situation ist immer die Beantwortung der beiden Ausgangsfragen entscheidend, die deshalb an dieser Stelle noch einmal wiederholt werden:

- Werden die Objekte nach der Ziehung zurückgelegt oder nicht?
- Ist für Ihr Problem wichtig, in welcher Reihenfolge die Objekte ausgewählt oder gezogen werden?

Mit diesen Fragen können Sie rasch die passende Formel finden – und damit werden auch schwierig wirkende Zählaufgaben lösbar.

3.2 Bedingte Wahrscheinlichkeiten

Im Alltag und in der Wirtschaft ist es oft wichtig zu wissen, wie sich Wahrscheinlichkeiten verändern, wenn bereits bestimmte Informationen vorliegen. Genau dafür gibt es das Konzept der **bedingten Wahrscheinlichkeiten**.

Die **bedingte Wahrscheinlichkeit** beschreibt, wie wahrscheinlich ein Ereignis ist, wenn wir wissen, dass ein anderes Ereignis bereits eingetreten ist. Betrachten Sie dazu das folgende Beispiel: Stellen Sie sich vor, ein Unternehmen verkauft zwei Produkte, A und B. Die Wahrscheinlichkeit, dass ein Kunde Produkt A kauft, sei 20 %. Die Wahrscheinlichkeit, dass er Produkt B kauft, sei 10 %. Nun interessiert uns: Wie wahrscheinlich ist es, dass ein Kunde Produkt B kauft, wenn wir wissen, dass er bereits Produkt A gekauft hat?

Die bedingte Wahrscheinlichkeit von Ereignis B unter der Bedingung, dass A bereits eingetreten ist, wird meist wie folgt geschrieben:

$$P(B|A)$$

Man spricht diese Formel in der nachstehenden Form: „Die Wahrscheinlichkeit von B unter der Bedingung A."

Die Formel zur Berechnung einer bedingten Wahrscheinlichkeit lautet:

$$P(B|A) = \frac{P(A \cap B)}{P(A)}$$

Das bedeutet, dass wir die Wahrscheinlichkeit, dass beide Ereignisse eintreten, durch die Wahrscheinlichkeit, dass Ereignis A eintritt (also durch die Wahrscheinlichkeit der Bedingung), dividieren.

Wichtig $P(A)$ muss größer als 0 sein, sonst ist die bedingte Wahrscheinlichkeit nicht definiert.

Angenommen, in einem Unternehmen sind 30 % der Mitarbeiter Raucher (R) und 10 % sind Raucher und arbeiten gleichzeitig im Außendienst ($R \cap A$). Wie groß ist die Wahrscheinlichkeit, dass ein zufällig ausgewählter Raucher auch im Außendienst (A) arbeitet?

Zur Lösungsfindung notieren wir zunächst die aus dem Text gegebenen Wahrscheinlichkeiten:

- $P(\mathrm{R}) = 0{,}3$
- $P(R \cap A) = 0{,}1$

In diesem Fall suchen wir die Wahrscheinlichkeit $P(\mathrm{A}|\mathrm{R})$.

Nach der Formel für bedingte Wahrscheinlichkeiten erhalten wir:

$$P(\mathrm{A}|\mathrm{R}) = \frac{P(R \cap A)}{P(\mathrm{R})} = \frac{0{,}1}{0{,}3} \approx 0{,}33$$

Somit arbeitet ein Drittel der Raucher im Außendienst.

Im Zusammenhang mit bedingten Wahrscheinlichkeiten ist der **Satz von Bayes** ein wichtiges Werkzeug, um bedingte Wahrscheinlichkeiten „umzudrehen". Er hilft, aus bekannten Wahrscheinlichkeiten neue Erkenntnisse zu gewinnen.

Die Formel lautet in diesem Fall:

$$P(A|B) = \frac{P(B|A) \cdot P(A)}{P(B)}$$

Betrachten wir zu den bedingten Wahrscheinlichkeiten einmal das folgende Beispiel: Von den Angestellten eines Unternehmens fahren 60 % der Frauen und 80 % der Männer mit dem öffentlichen Personennahverkehr zur Arbeit. Das Verhältnis von weiblichen und männlichen Angestellten dieses Unternehmens sei 3 zu 2.

a) Wie groß ist der Anteil der im Angestelltenverhältnis tätigen Personen in diesem Unternehmen, die mit dem öffentlichen Personennahverkehr zur Arbeit kommen?
b) Wie groß ist die Wahrscheinlichkeit, dass eine im Angestelltenverhältnis tätige Person des Unternehmens, die mit dem öffentlichen Personennahverkehr zur Arbeit kommt, weiblich ist?

Zur Lösung definieren wir die beiden folgenden Ereignisse:

A: Die Person ist weiblich. (Das Gegenereignis ζA beschreibt damit die männlichen Personen.)

B: Die Person kommt mit dem öffentlichen Personennahverkehr zur Arbeit.

Aus dem Text zum Beispiel wissen wir bereits:

$P(A) = 0{,}6$ und damit $P(\zeta A) = 0{,}4$
$P(B|A) = 0{,}6$ und damit $P(\zeta B|A) = 0{,}4$
$P(B|\zeta A) = 0{,}8$ und damit $P(\zeta B|\zeta A) = 0{,}2$

a) Die Personen, die mit dem öffentlichen Personennahverkehr zur Arbeit kommen, setzen sich aus 2 Gruppen zusammen: den weiblichen Personen und den männlichen Personen. Demnach gilt: $P(B) = P(A) \cdot P(B|A) + P(\zeta A) \cdot P(B|\zeta A) = 0{,}6 \cdot 0{,}6 + 0{,}4 \cdot 0{,}8 = 0{,}68$
b) Für diese Fragestellung müssen wir die aus dem Beispieltext bekannte bedingte Wahrscheinlichkeit mit dem Satz von Bayes umdrehen und erhalten somit:

$$\mathrm{P}(\mathrm{A}|\mathrm{B}) = \frac{P(A \cap B)}{P(B)} = \frac{P(A) \cdot P(B|A)}{P(B)} = \frac{0{,}6 \cdot 0{,}6}{0{,}68} = \frac{9}{17}$$

Haben Sie das Konzept verstanden? Schauen wir uns zur Sicherheit noch ein zweites Beispiel an: Bei der Diagnose einer Krankheit, an der 10 % der Bevölkerung leidet, werden Gesunde mit einer Wahrscheinlichkeit von 0,01 als krank eingestuft; Kranke werden mit Wahrscheinlichkeit 0,9 zutreffend als krank diagnostiziert.

a) Mit welcher Wahrscheinlichkeit wird ein Untersuchter als krank eingestuft?
b) Mit welcher Wahrscheinlichkeit wird sich eine positive Diagnose (d. h. jemand wird als krank eingestuft) als falsch herausstellen?
c) Wie groß ist die Wahrscheinlichkeit für eine richtige Diagnose?

Zur Lösungsfindung definieren wir wieder zwei Ereignisse:

K: Untersuchter ist krank (Demnach bedeutet das Gegenereignis ζK, dass die untersuchte Person gesund ist.)
D: Untersuchter wird als krank diagnostiziert

Aus dem Beispieltext kennen wir bereits die folgenden Wahrscheinlichkeiten:

$P(K) = 0{,}1$ und damit $P(\zeta K) = 0{,}9$
$P(D|\zeta K) = 0{,}01$ und damit $P(\zeta D|\zeta K) = 0{,}99$
$P(D|K) = 0{,}9$ und damit $P(\zeta D|K) = 0{,}1$

a) Die als krank diagnostizierten Personen setzen sich aus denjenigen zusammen, die auch tatsächlich krank sind und denjenigen Personen, die trotzt der Diagnose gesund sind:

$$\mathrm{P}(\mathrm{D}) = (\mathrm{PD|K}) \cdot \mathrm{P}(\mathrm{K}) + \mathrm{P}(\mathrm{D}|\zeta K) \cdot \mathrm{P}(\zeta K) = 0{,}9 \cdot 0{,}1 + 0{,}01 \cdot 0{,}9 = 0{,}099$$

b) Wir suchen also die Wahrscheinlichkeit dafür, dass eine Person gesund ist, obwohl die Diagnose eine Krankheit ergibt:

$$\mathrm{P}(\zeta K|\mathrm{D}) = \frac{P(D|\zeta K) \cdot P(\zeta K)}{P(D)} = \frac{0{,}1 \cdot 0{,}9}{0{,}099} = \frac{1}{11}$$

c) Richtig sind alle Diagnosen, bei denen eine kranke Person auch als krank eingestuft wird oder eine gesunde Person als gesund eingestuft wird:

$$\mathrm{P}((\mathrm{K} \cap \mathrm{D}) \cup (\zeta K \cap \zeta D)) = \mathrm{P}(\mathrm{K} \cap \mathrm{D}) + \mathrm{P}(\zeta K \cap \zeta D)$$
$$= \mathrm{P}(\mathrm{D|K}) \cdot \mathrm{P}(\mathrm{K}) + \mathrm{P}(\zeta D|\zeta K) \cdot \mathrm{P}(\zeta K) = 0{,}9 \cdot 0{,}1 + 0{,}99 \cdot 0{,}9 = 0{,}981$$

Bedingte Wahrscheinlichkeiten sind in den Wirtschaftswissenschaften allgegenwärtig. Betrachten Sie dazu die folgenden Fragestellungen:

- Wie wahrscheinlich ist ein Zahlungsausfall, wenn ein Kunde bereits mit einer Rate im Verzug ist?
- Wie wahrscheinlich ist ein Kauf, wenn ein Kunde bereits Interesse an einem ähnlichen Produkt gezeigt hat?
- Wie verändert sich das Risiko eines Maschinenausfalls, wenn die Maschine ein gewisses Alter erreicht hat?
- Wie ändert sich der Krankenstand des Personals, wenn der Werktag ein Brückentag zwischen einem Feiertag und dem Wochenende ist?

Sie können diese Liste umfassend erweitern, in allen betrieblichen Funktionsbereichen haben Vorinformationen oftmals einen Einfluss auf die Eintrittswahrscheinlichkeiten für bestimmte Ereignisse.

Diskrete Wahrscheinlichkeitsverteilungen 4

4.1 Charakteristika und Beispiele diskreter Wahrscheinlichkeitsverteilungen

Diskrete Wahrscheinlichkeitsverteilungen stellen Modelle dar, mit denen wir die Wahrscheinlichkeiten für verschiedene mögliche Ausgänge eines Zufallsexperiments berechnen können, wenn die Anzahl der möglichen Ergebnisse endlich oder abzählbar unendlich ist. Sie sind besonders wichtig, wenn es um das Zählen von Ereignissen geht, wie zum Beispiel die Anzahl verkaufter Produkte, gewonnener Kunden oder Fehler in einer Produktion.

Eine **diskrete Wahrscheinlichkeitsverteilung** beschreibt, mit welcher Wahrscheinlichkeit eine diskrete Zufallsvariable bestimmte Werte annimmt. Die Zufallsvariable kann nur bestimmte, „abzählbare" Werte annehmen. Betrachten Sie dazu das folgende Beispiel: Die Anzahl der Kunden, die an einem Tag ein Geschäft betreten, ist eine diskrete Zufallsvariable: Es können 0, 1, 2, ... Kunden sein, aber niemals 2,5 Kunden.

Die Wahrscheinlichkeitsfunktion (auch Wahrscheinlichkeitsverteilung genannt) ordnet jedem möglichen Wert einer diskreten Zufallsvariable die Wahrscheinlichkeit zu, mit der dieser Wert auftritt. Wie wir bereits wissen, liegt dabei jede Wahrscheinlichkeit im Intervall von 0 bis 1, und die Summe aller Wahrscheinlichkeiten der Elementarereignisse beträgt 1. Häufig wird die Wahrscheinlichkeitsverteilung einer diskreten Zufallsvariable in Form einer Wertetabelle bzw. von Punktwahrscheinlichkeiten angegeben.

Betrachten wir zunächst einmal das einfache Beispiel des (einmaligen) Münzwurfs. Definieren wir dazu eine Zufallsvariable X, die den Wert 1 annimmt, wenn die Münze die Vorderseite (Zahl) zeigt, und die den Wert 2 annimmt, wenn die

S. Georg et al., *Einfach nur Wahrscheinlichkeitsrechnung*, essentials, https://doi.org/10.1007/978-3-658-52233-9_4

Tab. 4.1 Beispiel 1 zu Punktwahrscheinlichkeiten

x_i	1	2
$P\{X = x_i\}$	0,5	0,5

Tab. 4.2 Beispiel 2 zu Punktwahrscheinlichkeiten

x_i	0	1	2
$P\{X = x_i\}$	0,25	0,5	0,25

Münze die Rückseite (bspw. Kopf oder Bauwerk) zeigt. Tab. 4.1 zeigt uns die beiden Punktwahrscheinlichkeiten an.

Komplizierter wird es schon dann, wenn wir die Münze nun zweimal hintereinander werfen und uns dabei für die Anzahl X interessieren, die angibt, wie häufig die Vorderseite der Münze zu sehen ist. Jetzt kann die Zufallsvariable bereits die Werte 0 (es erscheint zweimal die Rückseite), 1 (es erscheint entweder beim ersten Wurf oder beim zweiten Wurf die Vorderseite) oder 2 (es erscheint zweimal die Vorderseite) annehmen. Die dazugehörigen Wahrscheinlichkeiten können wir aus Tab. 4.2 ablesen:

Aber auch dieses Beispiel war noch eher einfach, denn die Wahrscheinlichkeiten sind leicht nachzuvollziehen, Betrachten wir jetzt einmal eine etwas komplexere Situation, in der wir etwas mehr rechnen müssen, um die einzelnen Wahrscheinlichkeiten zu bestimmen: In einem Industrieunternehmen sind an einem Fließband 3 Werkzeugmaschinen W_1, W_2 und W_3 eingesetzt. Mehrjährige Erfahrungen zeigen, dass für die 3 Werkzeugmaschinen die folgenden Ausfallwahrscheinlichkeiten pro Tag bestehen:

Ausfallwahrscheinlichkeit für Werkzeugmaschine W_1: $p_1 = 0{,}01$
Ausfallwahrscheinlichkeit für Werkzeugmaschine W_2: $p_2 = 0{,}02$
Ausfallwahrscheinlichkeit für Werkzeugmaschine W_3: $p_3 = 0{,}03$

Berechnen Sie unter der Voraussetzung, dass die Ausfälle der einzelnen Werkzeugmaschinen stochastisch unabhängig sind, die folgenden Wahrscheinlichkeiten:

a) keine der drei Maschinen fällt aus;
b) wenigstens eine der drei Maschinen arbeitet ohne Störung;
c) genau zwei Maschinen fallen aus.
d) höchstens eine Maschine fällt aus;

Zur Lösung halten wir zunächst einmal ergänzend zu den Informationen im Beispieltext die Wahrscheinlichkeiten fest, dass die einzelnen Maschinen nicht ausfallen, sondern reibungslos funktionieren:

Wahrscheinlichkeit, dass W_1 nicht ausfällt: $1 - p_1 = 0{,}99$
Wahrscheinlichkeit, dass W_2 nicht ausfällt: $1 - p_2 = 0{,}98$
Wahrscheinlichkeit, dass W_3 nicht ausfällt: $1 - p_3 = 0{,}97$

Die Zufallsvariable X beschreibe die Anzahl der Ausfälle an einem Tag.

a) Wenn keine Maschine ausfällt, dann nimmt die Zufallsvariable den Wert 0 an. Somit gilt:

$$P\{X=0\}=(1-p_1)\cdot(1-p_2)\cdot(1-p_3)=0{,}99\cdot 0{,}98\cdot 0{,}97=0{,}9411$$

b) Wenn höchstens zwei Maschinen ausfallen, können das 0 Maschinen, 1 Maschine oder 2 Maschinen sein. Die Rechnung wird für uns einfacher sein, wenn wir stattdessen das Gegenereignis betrachten (alle Maschinen fallen aus) und die Wahrscheinlichkeit des Gegenereignisses von 1 subtrahieren, also:

$$P\{X\leq 2\}=1-P\{X=3\}=1-p_1\cdot p_2\cdot p_3=1-0{,}01\cdot 0{,}02\cdot 0{,}03=0{,}999994$$

c) Für diesen Fall liegt das Komplizierte darin, dass die Ausfallwahrscheinlichkeiten der drei Maschinen nicht identisch sind. Wir müssen somit 3 verschiedene Situationen berücksichtigen, nämlich, dass 1 und 2 ausfallen (aber nicht 3), dass 2 und 3 ausfallen (aber nicht 2) und dass 2 und 3 ausfallen (aber nicht 1). Für jede Situation ist die Eintrittswahrscheinlichkeit zu bestimmen. Da alle 3 Situationen Alternativen darstellen, die zum gewünschten Ereignis führen, sind deren Eintrittswahrscheinlichkeiten zu addieren. Demnach gilt:

$$\begin{aligned}P\{X=2\}&=p_1\cdot p_2\cdot(1-p_3)+p_1\cdot(1-p_2)\cdot p_3+(1-p_1)\cdot p_2\cdot p_3\\&=0{,}01\cdot 0{,}02\cdot 0{,}97+0{,}01\cdot 0{,}98\cdot 0{,}03+0{,}99\cdot 0{,}02\cdot 0{,}03=0{,}00108\end{aligned}$$

d) Wenn höchstens eine Maschine ausfallen soll, dann können das 0 Maschinen oder 1 Maschine sein. Beide Teilwahrscheinlichkeiten sind zu bestimmen und zu addieren. Die Addition von Wahrscheinlichkeiten ist immer dann nötig, wenn verschiedene Alternativen zum Eintritt des gesuchten Ereignisses führen.

Hier kommt noch hinzu, dass wie vergleichbar zur vorangehenden Situation in c) wieder 3 verschiedene Möglichkeiten haben, dass genau eine Maschine ausfällt. Somit gilt in diesem Fall:

$$P\{X \leq 1\} = P\{X = 0\} + P\{X = 1\} = (1 - p_1) \cdot (1 - p_2) \cdot (1 - p_3) + p_1 \cdot (1 - p_2) \cdot (1 - p_3) + (1 - p_1) \cdot p_2 \cdot (1 - p_3) + (1 - p_1) \cdot (1 - p_2) \cdot p_3 = 0{,}99 \cdot 0{,}98 \cdot 0{,}97 + 0{,}01 \cdot 0{,}98 \cdot 0{,}97 + 0{,}99 \cdot 0{,}02 \cdot 0{,}97 + 0{,}99 \cdot 0{,}98 \cdot 0{,}03 = 0{,}99898$$

Neben diesen Fällen, in denen die Einzelwahrscheinlichkeit (wie bspw. im vorangehenden Beispiel die Ausfallwahrscheinlichkeiten der Maschinen) individuell unterschiedlich und nicht voneinander ableitbar sind, gibt es immer auch wieder Situationen, in denen bestimmte Gesetzmäßigkeiten zur Bestimmung der Einzelwahrscheinlichkeiten beobachtet werden können. Für diese Fälle gibt es spezielle Wahrscheinlichkeitsverteilungen, von denen wir uns nun die bekanntesten einmal genauer anschauen werden.

4.2 Diskrete Gleichverteilung

Bei der diskreten Gleichverteilung (Laplace-Verteilung) ist jedes Ergebnis der Zufallsvariablen gleich wahrscheinlich. Wir haben diese Wahrscheinlichkeitsverteilung bereits kennengelernt, denn: Beim Würfeln mit einem fairen Würfel sind die Zahlen 1 bis 6 gleich wahrscheinlich. Allgemein gilt. Wenn es n mögliche Ergebnisse gibt, dann gilt in diesem Fall, dass die Zufallsvariable X einen beliebigen Wert k annimmt:

$$P(X = k) = \frac{1}{n}$$

für jedes mögliche Ergebnis k aus dem Definitionsbereich.

Typische Anwendungsbeispiele der diskreten Gleichverteilung sind bestimmte Zufallsauswahlen, bei denen Sie sich aus einer Gruppe von Möglichkeiten beliebig für ein Element entscheiden. Vielleicht wählen Sie aus der Gruppe Ihrer Angestellten beliebig eine Person aus, mit der Sie sich über die Möglichkeiten eines betrieblichen Gesundheitsmanagements unterhalten werden.

4.3 Binomialverteilung

Die Binomialverteilung beschreibt die Anzahl der Erfolge in einer festen Anzahl (n) von unabhängigen Versuchen, bei denen jeder Versuch nur zwei mögliche Ausgänge hat (z. B. Erfolg oder Misserfolg). Bei jedem Versuch sind die Wahrscheinlichkeiten für Erfolg und Misserfolg identisch. Die Versuche erfolgen unabhängig voneinander. Auch dazu betrachten wir wieder ein einfaches Beispiel: Wie viele Kunden kaufen ein bestimmtes Produkt, wenn jeder Kunde das Produkt mit der Wahrscheinlichkeit p kauft und insgesamt n Kunden den Shop betreten? Als Parameter benötigen wir hier:

- n: Anzahl der Kunden
- p: Wahrscheinlichkeit für einen Erfolg pro Versuch, im Beispiel also der Kauf eines Produktes.

Dann lautet die Wahrscheinlichkeitsfunktion:

$$P(X = k) = \binom{n}{k} \cdot p^k \cdot (1 - p)^{n-k}$$

wobei $\binom{n}{k}$ die Anzahl der Möglichkeiten beschreibt, aus einer Gruppe von n Elementen genau k auszuwählen und dabei k die Zahl der gewünschten Erfolge (hier: Käufe) in n Versuchen (hier: Zahl der eintretenden potenziellen Kunden) misst. Machen wir dazu ein einfaches Beispiel. Nehmen wir einmal an n = 3 Kunden betreten Ihren Shop und aus Erfahrung wissen Sie, dass ein Kunde, der den Shop betreten hat, mit der Wahrscheinlichkeit von p = 0,3 einen Kauf tätigt. Wie hoch ist dann die Wahrscheinlichkeit, dass genau ein Kunde bei Ihnen einkauft, wenn die Kunden sich unabhängig voneinander für oder gegen einen Kauf entscheiden? In diesem Fall lautet die Rechnung:

$$P(X = 1) = \binom{3}{1} \cdot 0{,}3^1 \cdot (1 - 0{,}3)^{3-1}$$

Dabei bedeutet $\binom{3}{1}$, dass Sie aus 3 möglichen Kunden genau einen benötigen und dazu haben Sie exakt 3 Möglichkeiten, nämlich den ersten Kunden, den zweiten Kunden oder den dritten Kunden. $0{,}3^1$ bedeutet wiederum, dass die Kaufwahrscheinlichkeit des einen Kunden genau 0,3 beträgt. Und $(1 - 0{,}3)^{3-1}$ bedeutet, dass die verbleibenden Kunden (also 3 – 1 = 2) nicht kaufen dürfen, wofür sie jeweils eine Wahrscheinlichkeit von 1 – 0,3 = 0,7 haben.

Ihr Taschenrechner kann Ihnen wohl $\binom{3}{1}$ ausrechnen, Sie können das aber auch selbst erledigen, indem Sie $\frac{3}{1}$ rechnen. Wenn Sie bspw. $\binom{5}{2}$ bestimmen müssen, dann sind das $\frac{5 \cdot 4}{2 \cdot 1} = 10$. Und $\binom{6}{4}$ errechnen Sie mittels $\frac{6 \cdot 5 \cdot 4 \cdot 3}{4 \cdot 3 \cdot 2 \cdot 1} = 15$. Haben Sie das Prinzip erkannt? In Zähler und Nenner haben Sie immer so viele Faktoren eines Produktes, wie die Zahl „unten" angibt. Im Zähler starten Sie dann das Produkt mit der Zahl, die „oben" steht, im Nenner mit der Zahl, die „unten" steht. Und als Zusatzinformation: Wie Sie im letzten Beispiel sehen, kürzen sich die beiden Faktoren 3 und 4 raus, sodass nur $\frac{6 \cdot 5}{2 \cdot 1}$ übrigbleibt, und das ist $\binom{6}{2}$. Sie können daraus in der Tat eine Gesetzmäßigkeit ableiten, nämlich $\binom{n}{k} = \binom{n}{n-k}$.

Typische Anwendungsfälle einer Binomialverteilung sind in der

- Qualitätskontrolle (Anzahl fehlerhafter Produkte) oder in der
- Marktforschung (Anzahl positiver Antworten) zu finden.

Betrachten wir noch ein etwas umfangreicheres Beispiel zur Binomialverteilung: Ein Versicherungsvertreter schließt mit 5 Kunden, die alle das gleiche Alter besitzen, Lebensversicherungsverträge ab. Nach der Sterbetafel beträgt die Wahrscheinlichkeit, die nächsten 30 Jahre zu überleben, für jeden Versicherungsteilnehmer 0,65. Man berechne die Wahrscheinlichkeit dafür, dass nach 30 Jahren

a) alle Kunden noch leben,
b) wenigstens drei Kunden noch leben,
c) genau 2 Kunden noch leben,
d) höchstens ein Kunde noch lebt.

Unabhängigkeit bzgl. der verschiedenen Kunden sei vorausgesetzt.

Zur Lösung definieren wir uns zunächst die Zufallsvariable X als Anzahl der noch lebenden Kunden. X ist binomialverteilt mit den Parametern p = 0,65 und n = 5, denn die Überlebenswahrscheinlichkeit ist für alle betrachteten Kunden gleich. Somit gilt:

$$P\{X=k\}=\binom{n}{k}\cdot p^k\cdot(1-p)^{n-k}$$

a) Im ersten Fall sollen noch alle Kunden leben und somit 5 von 5 Kunden. Damit ergibt sich für die gesuchte Wahrscheinlichkeit:

$$P\{X=5\}=\binom{5}{5}\cdot 0{,}65^5\cdot(1-0{,}65)^{5-5}=0{,}65^5=0{,}116.$$

Die Wahrscheinlichkeit ist also recht klein, dass es zu keiner Auszahlung der Lebensversicherung kommt, weil alle Kunden noch leben.

b) Für diesen Fall bleibt uns leider nichts anderes übrig, als die Wahrscheinlichkeit für die drei günstigen Fälle (3 Kunden leben noch, 4 Kunden leben noch, oder 5 Kunden leben noch) zu bestimmen und zu addieren.

$$P\{X\geq 3\}=\sum_{k=3}^{5}\binom{5}{k}\cdot 0{,}65^k\cdot(1-0{,}65)^{5-k}=0{,}765.$$

Wir hoffen, Sie sind mit dem Summenzeichen ein wenig vertraut und können aus der Darstellung lesen, dass wir hier 3 Fälle betrachten, nämlich k = 3, k = 4 und k = 5. Dann setzen wir nach und nach die Werte 3, 4 bzw. 5 in die Formel für k ein, sodass wir insgesamt 3 Teilergebnisse erhalten, die wir dann addieren müssen.

c) Wenn 2 Kunden überleben sollen, dann spielt es hier keine Rolle, welche Kunden das sind, da alle die gleiche Überlebenswahrscheinlichkeit haben. Allerdings haben wir $\left(\frac{5}{2}\right)=15$ Möglichkeiten, aus 5 Kunden genau 2 auszuwählen, und so ergibt sich für die gesuchte Wahrscheinlichkeit:

$$P\{X=2\}=\binom{5}{2}\cdot 0{,}65^2\cdot(1-0{,}65)^{5-2}=0{,}181$$

d) Schließlich können wir für den letzten Fall wieder die Summenformel verwenden, die Sie bereits aus b) kennen. Allerdings nimmt unser Index k hier die Werte 0 oder 1 an, und Sie erhalten:

$$P\{X \leq 1\} = \sum_{k=0}^{1} \binom{5}{k} \cdot 0{,}65^k \cdot (1-0{,}65)^{5-k} = 0{,}054$$

Die gesuchte Wahrscheinlichkeit entspricht dem Wert der Verteilungsfunktion der Binomialverteilung mit den Parameter n = 5 und p = 0,65 an der Stelle 1.

4.4 Poissonverteilung

Die Poissonverteilung beschreibt die Wahrscheinlichkeit, dass ein bestimmtes Ereignis in einem festen Zeitraum oder Raumgebiet eine bestimmte Anzahl von Malen auftritt, wenn diese Ereignisse selten und unabhängig voneinander sind. Wie viele Kunden kommen durchschnittlich pro Stunde in ein Geschäft, wenn im Schnitt 5 Kunden pro Stunde erwartet werden?

Der entscheidende Parameter dieser Verteilung ist

- λ: die durchschnittliche Anzahl der Ereignisse (bspw. Kunden pro Stunde)

Auch für die Wahrscheinlichkeitsfunktion der Poissonverteilung gibt es eine einfache Formel:

$$P(X=k) = \frac{\lambda^k}{k!} \cdot e^{-\lambda} \; \textit{für} \; \mathrm{k} = 0,1,2,\ldots$$

Betrachten wir für den Fall der Poissonverteilung einmal das folgende Beispiel: Ein Kundendienstzentrum erhält durchschnittlich 3 Anrufe pro Stunde. Mit welcher Wahrscheinlichkeit erhält das Zentrum genau 5 Anrufe in der nächsten Stunde?

Im Beispieltext erkennen wir eine Situation, bei der erstens davon auszugehen ist, dass die Anrufe unabhängig voneinander erfolgen und dass die Häufigkeit des Eintritts des Ereignisses eher niedrig ist, ein typischer Anwendungsfall der Poissonverteilung. Die durchschnittliche Anzahl der Anrufe, der sogenannte Erwartungswert, beschreibt bei der Poissonverteilung den Parameter $\lambda = 3$ der Zufallsvariablen X (= Anzahl der Anrufe pro Stunde). Damit errechnen wir eine Wahrscheinlichkeit von:

$$P(X=5) = \frac{3^5}{5!} \cdot e^{-3} = 0{,}1009$$

Mit einer Wahrscheinlichkeit von rund 10 % ist also davon auszugehen, dass in einer Stunde 5 Personen anrufen werden. Übrigens, 5! (sprich „5 Fakultät") ist das Produkt der natürlichen Zahlen von 1 bis 5, also 1 · 2 · 3 · 4 · 5.

Typische Fragen, bei denen die Poissonverteilung die geeignete Wahrscheinlichkeitsverteilung darstellt, sind bspw.: Wie groß ist die Wahrscheinlichkeit dafür, dass

- es 2 Softwarefehler an einem Tag gibt?
- 7 Kunden pro Stunde ein Ladenlokal betreten?
- es höchstens 2 Überschwemmungen in einem bestimmten Gebiet pro Jahrzehnt gibt?
- mindestens 3 Betriebsunfälle pro Monat in einem Industrieunternehmen zu beobachten sind?

4.5 Hypergeometrische Verteilung

Auch die hypergeometrische Verteilung beschreibt die Wahrscheinlichkeitsverteilung einer konkreten Ausgangslage: Aus einer endlichen Grundgesamtheit vom Umfang N wird eine Stichprobe im Umfang n ohne Zurücklegen gezogen, für die die Ziehungsreihenfolge keine Rolle spielt. Die Grundgesamtheit teil sich in „Erfolge" (also Merkmalsträger, die eine gewünschte Eigenschaft aufweisen) im Umfang M und „Misserfolge" (demnach im Umfang N – M) auf. Wie groß ist in diesem Fall die Wahrscheinlichkeit dafür, dass sich in der Stichprobe vom Umfang n genau k Merkmalsträger mit der gewünschten Eigenschaft befinden?

Die beschriebene Situation ist typisch für das Zahlenlotto 6 aus 49, das in Deutschland gespielt wird. Die insgesamt N = 49 Kugeln lassen sich im M = 6 Gewinnerkugeln und N – M = 43 Verliererkugeln unterscheiden. Es werden n = 6 Kugeln gezogen. Wie groß ist die Wahrscheinlichkeit, dass sich unter den n = 6 gezogenen Kugeln bspw. k = 3 Gewinnerkugeln befinden?

Die Wahrscheinlichkeitsfunktion zur Berechnung der Wahrscheinlichkeit der hypergeometrischen Funktion lautet:

$$P(X=k)=\frac{\binom{M}{k}\cdot\binom{N-M}{n-k}}{\binom{N}{n}}$$

Für die 3 richtigen Gewinnzahlen beim Lotto 6 aus 49 ergibt sich damit:

$$P(X=3)=\frac{\binom{6}{3}\cdot\binom{43}{6-3}}{\binom{49}{6}}=0{,}0177.$$

Sie wissen ja bereits, wie man bspw. $\binom{49}{6}$ zu berechnen hat. Beim Lotto 6 aus 49 ergeben sich daraus übrigens 12.983.816 Möglichkeiten, aus 49 Zahlen 6 auszuwählen.

Schauen wir uns für Anwendungsfälle der hypergeometrischen Wahrscheinlichkeitsverteilung noch ein weiteres Beispiel an: In einem Zeitraum von 24 Tagen wurde in einem Fernsehsender an 4 Tagen ein Werbespot für ein Kosmetikprodukt gezeigt. Eine Befragung der angesprochenen Zielgruppe, wie oft das Werbeprogramm des Fernsehsenders eingeschaltet werde, lieferte das Ergebnis „in den 24 Tagen fünfmal". Ermitteln Sie unter der Prämisse, dass sich das Einschalten zufällig auf die relevanten 24 Tage verteilt, die Wahrscheinlichkeit dafür, dass eine Zielperson

a) genau einmal,
b) höchstens dreimal,
c) mindestens zweimal erreicht wird.

Zur Lösung bilden wie eine Zufallsvariable X, die angibt, wie häufig eine Zielperson über die Werbung erreicht wurde. X ist in diesem Fall hypergeometrisch verteilt mit N = 24 (Tagen des Zeitraums), M = 4 (tatsächlichen Sendetagen im Zeitraum) und n = 5 (relevanten Tagen aus dem Sendezeitraum).

a) Die Wahrscheinlichkeit, genau einmal (k = 1) den Werbespot zu sehen, erhält man somit durch einfaches Einsetzen der Daten in die Formel:

$$P\{X=1\}=\frac{\binom{4}{1}\cdot\binom{20}{4}}{\binom{24}{5}}$$

b) In diesem Fall ist nach dem Wert der Verteilungsfunktion an der Stelle 3 gefragt, was wir mathematisch wie folgt darstellen können: $F_X(3) = P\{X \leq 3\} = \sum_{k=0}^{3} \frac{\binom{4}{k} \cdot \binom{20}{5-k}}{\binom{24}{5}}$

c) Auch für die abschließende Fragestellung benötigen wir wieder die Summenformel, um die gesuchte Wahrscheinlichkeit beschreiben zu können: $P\{X \geq 2\} = \sum_{k=2}^{4} \frac{\binom{4}{k} \cdot \binom{20}{5-k}}{\binom{24}{5}}$. Alternativ könnten wir die gesuchte Wahrscheinlichkeit auch über das Gegenereignis ermitteln: $P\{X \geq 2\} = 1 - P\{X \leq 1\} = 1 - \sum_{k=0}^{1} \frac{\binom{4}{k} \cdot \binom{20}{5-k}}{\binom{24}{5}}$.

Als typische Anwendungssituationen der hypergeometrischen Verteilungen gelten insbesondere Qualitätskontrollen, wenn sich eine Produktionscharge in funktionierende und defekte Bauteile unterscheiden lässt und eine Stichprobe zur Qualitätsprüfung aus der Charge entnommen wird, ohne dass ein entnommenes Teil noch einmal in die Charge zurückgelegt wird, bevor die Prüfung abgeschlossen ist. In dieser Situation verändert sich das Verhältnis aus funktionierenden und defekten Teilen in der Charge ständig und somit ist die Wahrscheinlichkeit dafür, ein defektes Bauteil zu entnehmen, nicht konstant.

4.6 Überblick über die diskreten Wahrscheinlichkeitsverteilungen

Schauen wir uns abschließend in diesem Kapitel in Tab. 4.3 noch einmal an, wann welche Verteilung anzunehmen ist:

Tab. 4.3 Ausgewählte diskrete Verteilungen

Verteilung	Typische Fragestellung	Parameter	Beispiel
Gleichverteilung	alle Werte sind gleich wahrscheinlich	Anzahl der Werte n	Würfeln
Binomialverteilung	feste Zahl unabhängiger Versuche, 2 Ausgänge	n, p	Anzahl der Käufer unter 100 potenziellen Kunden
Poissonverteilung	Ereignisse pro Zeit-/ Raumeinheit sind selten, unabhängig	λ	Anzahl der Kunden pro Stunde
Hypergeometrische Verteilung	Ziehen ohne Zurücklegen aus endlicher Grundgesamtheit	N, M, n, k	Fehlerhafte Produkte in einer Stichprobe

Stetige Wahrscheinlichkeitsverteilungen 5

5.1 Dichtefunktionen und Verteilungsfunktionen

Stetige Wahrscheinlichkeitsverteilungen beschreiben Modelle, mit denen wir Wahrscheinlichkeiten für Größen berechnen, die beliebige Werte in einem Intervall annehmen können. Typische Beispiele sind Körpergrößen, Wartezeiten, Umsätze oder Preise, die wir als beliebig genau bestimmbar unterstellen. Im Gegensatz zu diskreten Verteilungen, bei denen nur bestimmte (aufzählbare) Werte möglich sind, können bei stetigen Verteilungen unendlich viele Ergebnisse auftreten.

Eine **stetige Zufallsvariable** kann also jeden beliebigen Wert in einem bestimmten Bereich (Intervall) annehmen. Die Wahrscheinlichkeit, dass genau ein bestimmter Wert auftritt, ist bei stetigen Verteilungen immer null, weil sich die gesamte Wahrscheinlichkeitsmasse von 1 auf unendlich viele Werte verteilt. Stellen Sie sich nur ein Stück Würfelzucker vor, dass Sie zunächst auf 100 Personen, dann auf 1000 Personen, auf 1 Mio. Personen etc. verteilen wollen. Jede einzelne Person erhält schließlich einen so kleinen Anteil vom Zucker, dass dieser Anteil quasi nicht mehr erkennbar ist (also 0), dennoch aber die Summe aller Anteile ein Stück (1) ergibt. Genau so ist das mit den Wahrscheinlichkeiten stetiger Zufallsvariablen.

Sie sehen, dass eine Wahrscheinlichkeit von 0 im Fall der stetigen Zufallsvariablen nicht bedeutet, dass ein Ereignis unmöglich ist. Typisch für stetige Zufallsvariablen ist deshalb auch die Frage nach Wahrscheinlichkeiten für bestimmte Intervalle.

Die **Wahrscheinlichkeitsdichtefunktion** (kurz: Dichtefunktion) beschreibt, wie die Wahrscheinlichkeiten über die möglichen Merkmalswerte verteilt sind. Sie wird meist mit $f_X(x)$ bezeichnet.

S. Georg et al., *Einfach nur Wahrscheinlichkeitsrechnung*, essentials,
https://doi.org/10.1007/978-3-658-52233-9_5

- Die Wahrscheinlichkeit, dass die Zufallsvariable einen Wert zwischen a und b annimmt, berechnet man als Fläche unter der Dichtefunktion im Intervall $[a, b]$, d. h. man bildet das bestimmte Integral über die Dichtefunktion.
- Die Gesamtfläche unter der Dichtefunktion ist immer 1, d. h. die Fläche repräsentiert hier die Gesamtwahrscheinlichkeit.

Mit der **Verteilungsfunktion $F_X(x)$** wird die Wahrscheinlichkeit angegeben, dass die Zufallsvariable X den Wert x nicht überschreitet: $P\{X \leq x\} = F_X(x)$

Betrachten wir zu diesen Überlegungen ein passendes Beispiel: Die Qualitätskontrolle ermittelt in einem produzierenden Unternehmen die Abweichung X [in cm] eines Produktes von seiner Normlänge und beschreibt diese Abweichung als eine Zufallsvariable mit der Dichtefunktion:

$$f_X(x) = \begin{cases} c \cdot (1 - x^2) & \textit{für} -1 \leq x \leq 1 \\ 0 & \textit{sonst} \end{cases}$$

Demnach kommen nur Abweichungen von maximal 1 cm Länge vor.

a) Bestimmen Sie die Konstante c so, dass $f_X(x)$ eine Dichtefunktion ist.
b) Berechnen Sie die Verteilungsfunktion von X.
c) Wie groß ist die Wahrscheinlichkeit, dass die Abweichung X zwischen 0 und 0,5 (cm) liegt?

Schauen wir uns nun den Lösungsweg für diese Fragestellungen an.

a) Grundsätzlich muss gelten: $\int_{-\infty}^{\infty} f_X(x)\,dx = 1$, denn die Summe der Wahrscheinlichkeiten ist 1. In diesem Fall müssen wir das Integral aber auf den Bereich von -1 bis 1 beschränken, da größere Abweichungen von der Norm ausgeschlossen sind; das sagt uns die Funktion $f_x(x)$ bereits.

$$\int_{-1}^{1} c \cdot (1 - x^2)\,dx = c \cdot \left[x - \frac{x^3}{3} \right]_{-1}^{1} = c \cdot \left(\frac{2}{3} + \frac{2}{3} \right) = 1 \text{ und damit} : c = 0{,}75.$$

An dieser Stelle sei angemerkt, dass wir davon ausgehen, dass Sie das Lösen von Integralen (insbesondere das Bilden von Stammfunktionen) grundsätzlich beherrschen.

b) Für x < -1 weist die Verteilungsfunktion der Wert 0 aus, denn Werte in diesem Bereich sind laut Dichtfunktion ausgeschlossen: $F_X(x) = 0$

Die Wahrscheinlichkeitsmasse verteilt sich in diesem Beispiel nur auf das Intervall von -1 bis 1.

Für $-1 \leq x \leq 1$ gilt:

$$FX(\mathrm{x}) = 0{,}75 \cdot \int_{-1}^{x} \left(1 - t^2\right) dt = 0{,}75 \cdot \left[x - \frac{x^3}{3} + \frac{2}{3} \right]_{-1}^{x} = 0{,}5 + 0{,}75\mathrm{x} - 0{,}25\mathrm{x}^3$$

Sie sehen mit dieser Rechnung, dass das Einsammeln von Wahrscheinlichkeitsmasse bei -1 beginnt (Untergrenze des Integrals) und für die Verteilungsfunktion an der Stelle x dann eben bei x endet (Obergrenze des Integrals). Um eine bessere Unterscheidung der Obergrenze x von der eigentlichen Variablen zu ermöglichen, ersetzen wir deshalb die Variable x bei Integranden durch t.

Da laut Dichtefunktion in diesem Beispielfall keine größeren Werte als 1 möglich sind, liegt die gesamte Wahrscheinlichkeitsmasse unterhalb von 1 bzw. bis zur 1. Somit gilt für x > 1: $F_X(x) = 1$

Aus diesen drei Teilüberlegungen ergibt sich die gesamte Verteilungsfunktion als:

$$\mathrm{F_X}(\mathrm{x}) = \begin{cases} 0 & \text{für } x < -1 \\ 0{,}5 + 0{,}75x - 0{,}25x^3 & \text{für } -1 \leq x \leq 1 \\ 1 & \text{für } x > 1 \end{cases}$$

c) Die gesuchte Wahrscheinlichkeit lässt sich am schnellsten mit Hilfe der eben bestimmten Verteilungsfunktion bestimmen, denn:

$$\begin{aligned} \mathrm{P}\{0 \leq X \leq 0{,}5\} &= \mathrm{F_X}(0{,}5) - \mathrm{F_X}(0) \\ &= \left(0{,}5 + 0{,}75 \cdot 0{,}5 - 0{,}25 \cdot 0{,}5^3\right) - 0{,}5 = \frac{11}{32} = 0{,}34375 \end{aligned}$$

Alternativ hätten Sie auch das Integral über die Dichtefunktion in den Grenzen von 0 bis 0,5 berechnen können und hätten dann auch die gesuchte Wahrscheinlichkeit erhalten.

Ähnlich den diskreten Zufallsvariablen gibt es auch stetige Zufallsvariablen mit Dichtefunktionen, denen eine besondere Formel zu Grunde liegt. Im Folgenden werden Ihnen die wichtigsten stetigen Wahrscheinlichkeitsverteilungen mit besonderen Formeln der Dichtefunktion vorgestellt, die in der Wirtschaftswissenschaft häufig verwendet werden.

5.2 Stetige Gleichverteilung

Die Gleichverteilung kennen wir schon in der diskreten Variante, jetzt kommt die stetige Variante hinzu. Bei der stetigen Gleichverteilung (auch „Uniformverteilung") sind die Wahrscheinlichkeiten zweier gleichgroßer Teilintervalle in einem Gesamtintervall gleich groß. Bezogen auf das Würfelzuckerbeispiel erfolgt die Zerkleinerung des Zuckerstücks in unendlich viele Teilstücke in diesem Fall also völlig gleichmäßig. Oder nehmen Sie einmal an, ein Zug komme irgendwann zwischen 10 Uhr und 10 Uhr 30 in einem Bahnhof an. Bei der Gleichverteilung gibt es dann keine bevorzugte Ankunftszeit im Zeitintervall.

Grundsätzlich gilt für die Dichtefunktion der stetigen Gleichverteilung für ein Intervall von a bis b:

$$f(x) = \frac{1}{b-a} \text{ für } a \leq x \leq b$$

Den Verlauf der Dichtefunktion der stetigen Gleichverteilung können Sie auch aus Abb. 5.1 entnehmen und damit auch nachvollziehen, warum man diese Verteilung auch als Rechteckverteilung bezeichnet:

Wie wir bereits gesehen haben, ist es für manche Wahrscheinlichkeitsberechnungen hilfreich, auch die Verteilungsfunktion zu kennen. Dies lautet in diesem Fall:

$$F_X(x) = P(X \leq x) = \begin{cases} 0; x < a \\ \dfrac{x-a}{b-a}; a \leq x \leq b \\ 1; x > b \end{cases}$$

Typische Anwendungsfelder der stetigen Gleichverteilung sind technische oder industrielle Prozesse, für die Abweichungen von einem Idealwert als gleichverteilt modelliert werden, weil es keinen Trend oder keine Präferenz für bestimmte Werte innerhalb eines Bereichs gibt. Auch in der Spieltheorie kommt die stetige Gleich-

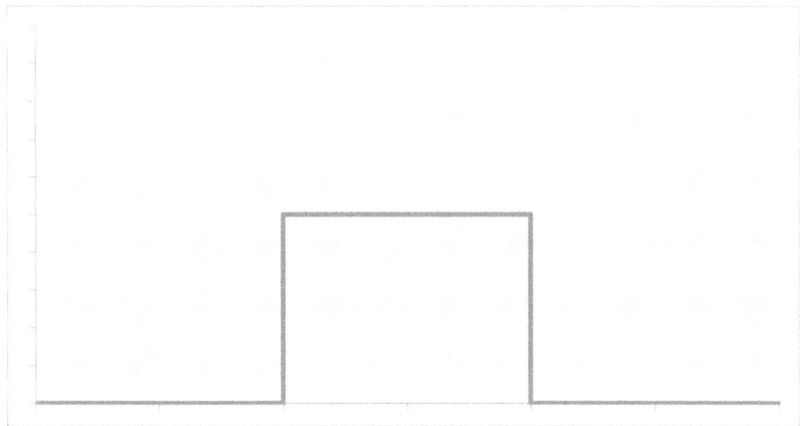

Abb. 5.1 Dichtefunktion der stetigen Gleichverteilung

verteilung als neutrale Annahme zum Einsatz, wenn keine der möglichen Strategien bevorzugt wird oder wenn Unwissenheit über Präferenzen. Und in der Informatik nutzt man die Gleichverteilung auch bei der Erzeugung von Zufallszahlen.

5.3 Normalverteilung

Die Normalverteilung ist die wohl wichtigste stetige Verteilung in der Stochastik. Sie beschreibt viele natürliche und wirtschaftliche Größen, die das Ergebnis vieler kleiner, unabhängiger Einflüsse sind. Beispielsweise können Schwankungen im Verbrauch oder Absatz eines Produkts (unter bestimmten Voraussetzungen) als normalverteilt angenommen werden. Das hilft dann bei der Bestimmung von notwendigen Sicherheitsbeständen.

Die Dichtefunktion der Normalverteilung hat die Form der berühmten „Glockenkurve“, die sich mathematisch recht anspruchsvoll darstellt:

$$f(x) = \frac{1}{\sigma\sqrt{2\pi}} \exp\left(-\frac{(x-\mu)^2}{2\sigma^2}\right)$$

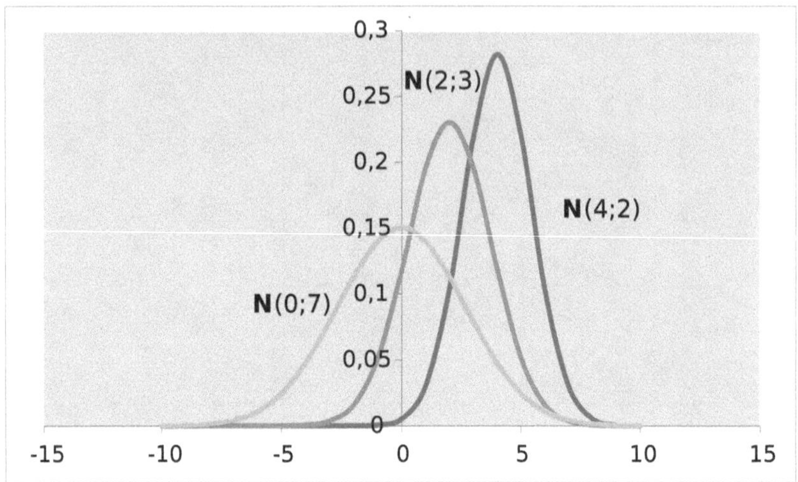

Abb. 5.2 Dichtefunktion der Normalverteilung für unterschiedliche Parameter

Die entscheidenden Parameter der Normalverteilung sind dabei

- μ: Erwartungswert (Mittelwert) und
- σ: Standardabweichung (Maß für die Streuung)

N(2;6) ist dabei kennzeichnend für eine Normalverteilung mit dem Erwartungswert $\mu = 2$ und einer Varianz von $\sigma^2 = 6$.

In Abb. 5.2 sehen Sie den Verlauf der Dichtefunktion einer Normalverteilung für unterschiedliche Erwartungswerte und Streuungen.

Der Erwartungswert kennzeichnet den durchschnittlichen Wert, den die Zufallsvariable annimmt. Gleichzeitig haben wir bei der Normalverteilung an dieser Stelle einen Hochpunkt in der grafischen Darstellung. Die Standardabweichung misst die Streuung der einzelnen Werte um den Erwartungswert. Je größer die Streuung ist, umso breiter und flacher verläuft die Glocke.

Wichtige Eigenschaften der Normalverteilung sind:

- Sie ist symmetrisch um den Mittelwert.
- Ca. 68 % der Werte liegen im Bereich μ +/− σ
- Ca. 95 % der Werte liegen im Bereich μ +/− 2σ

Wichtig: Wenn Sie zwei oder mehr unabhängige, normalverteilte Zufallsvariablen addieren, dann ist auch die Summe der beiden normalverteilt. Betrachten Sie dazu das folgende Beispiel:

X sei normalverteilt mit dem Erwartungswert 5 und der Varianz 4 (Streuung 2), und Y sei normalverteilt mit dem Erwartungswert 3 und der Varianz 1 (Streuung 1). Dann ist die Summe von X und Y ebenfalls normal verteilt und zwar mit dem Erwartungswert 8 und der Varianz 5, d. h. auch die Erwartungswerte von X und Y bzw. die Varianzen von X und Y sind zu addieren, um Erwartungswert und Varianz der summierten Zufallsvariablen zu bestimmen.

Wie Sie sich sicherlich vorstellen können, stoßen wir beim Rechnen mit der obigen Dichtefunktion an unsere Grenzen. Glücklicherweise lässt sich aber jede Normalverteilung standardisieren: Wenn X normalverteilt ist mit einem Erwartungswert von μ und einer Standardabweichung von σ, dann ist die Zufallsvariable $Y = \frac{x-\mu}{\sigma}$ standardnormalverteilt. Und was das bedeutet, lernen wir im nächsten Unterkapitel.

5.4 Standardnormalverteilung

Weist die Normalverteilung einen Erwartungswert von $\mu = 0$ und eine Standardabweichung von $\sigma = 1$ auf, dann spricht man von der **Standardnormalverteilung**. Deren Verlauf der Dichtfunktion zeigt Abb. 5.3:

Die mit der Standardnormalverteilung verbundenen Wahrscheinlichkeiten sind in Tabellen zur Verteilungsfunktion Φ hinterlegt. Das macht den Umgang mit dieser stetigen Verteilung wesentlich einfacher. Betrachten wir dazu einmal das folgende Beispiel: Nehmen wir an, die Zufallsvariable X sei normalverteilt mit dem Erwartungswert von $\mu = 4$ und eine Standardabweichung von $\sigma = 2$. Wir wollen jetzt wissen, wie groß die Wahrscheinlichkeit dafür ist, dass die Zufallsvariable X höchstens den Wert 6 annimmt. Diese Wahrscheinlichkeit können wir dann über folgende Rechnung einfach bestimmen:

$$\mathrm{P}\{\mathrm{X} \leq 6\} = F_X(6) = F_Y\left(\frac{6-4}{2}\right) = F_Y(1) = \Phi(1) = 0{,}8413$$

Wir rechnen also die normalverteilte Zufallsvariable X in die standardnormalverteilte Zufallsvariable Y um, indem wir vom gesuchten Parameter (hier die Zahl 6) den Erwartungswert (hier 4) subtrahieren und dann im Anschluss diese Differenz durch die Standardabweichung (hier 2) dividieren. Die Verteilungsfunktion

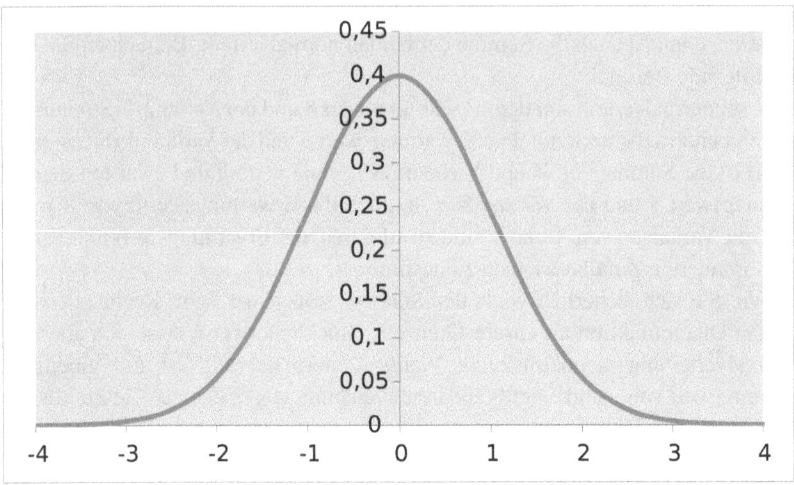

Abb. 5.3 Dichtefunktion der Standardnormalverteilung

der Standardnormalverteilung wird üblicherweise mit Φ dargestellt. Den Wert der Verteilungsfunktion Φ an der Stelle 1 erhalten wir durch Ablesen aus der Tabelle zur Standardnormalverteilung, die in vielen Lehrbüchern und Skripten zu Lehrveranstaltungen abgedruckt ist, problemlos aber auch über das Internet gefunden werden kann.

5.5 Exponentialverteilung

Kommen wir abschließende in diesem Kapitel noch zur Exponentialverteilung. Sie beschreibt typischerweise die Zeit bis zum Eintreten eines zufälligen Ereignisses, das mit konstanter Wahrscheinlichkeit pro Zeiteinheit auftritt (bspw. die Zeit bis zum nächsten Kunden oder die Ausfallzeit eines Geräts).

Die Dichtefunktion der Exponentialfunktion lautet:

$$f(x) = \lambda \cdot e^{-\lambda x} \text{ für } x \geq 0$$

Abb. 5.4 zeigt den Verlauf der Dichtefunktion der Exponentialverteilung für verschiedene Parameter λ:

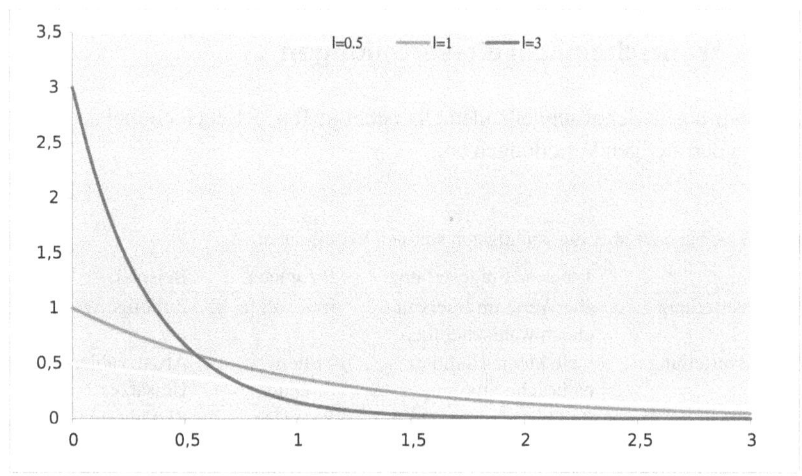

Abb. 5.4 Dichtefunktion der Exponentialverteilung mit unterschiedlichen Parametern

Als kennzeichnender Paramater gilt für die Exponentialverteilung λ im Sinne einer Rate, bspw. der durchschnittlichen Anzahl der Ereignisse pro Zeiteinheit. Auch im Fall der Exponentialverteilung lassen sich viele gesuchte Wahrscheinlichkeiten mit Hilfe der Verteilungsfunktion bestimmen:

$$F_X(x) = P(X \leq x) = \begin{cases} 1 - e^{-\lambda x}; x > 0 \\ 0; \text{sonst} \end{cases}$$

Eine wichtige Eigenschaft der Exponentialverteilung ist die Gedächtnislosigkeit: Die Wahrscheinlichkeit für das Eintreten des Ereignisses hängt nicht davon ab, wie viel Zeit schon vergangen ist. Typische Anwendungen sind die Wahrscheinlichkeitsberechnungen für Wartezeiten in Warteschlangen oder für Lebensdauern von Produkten.

Betrachten wir nun auch dazu ein Beispiel: Die Wahrscheinlichkeit dafür, dass es an einem Tag in einem Shop zu einem Ladendiebstahl kommt, sei exponentialverteilt mit dem Parameter $\lambda = 0{,}1$. Dann beträgt die Wahrscheinlichkeit dafür, dass es an einem Tag zu höchstens zwei Ladendiebstählen kommt: $F_X(2) = P(X \leq 2) = 1 - e^{-0{,}1 \cdot 2} = 0{,}18$.

5.6 Übersicht über die stetigen Wahrscheinlichkeitsverteilungen

Sehen wir uns in der abschließenden Übersicht in Tab. 5.1 noch einmal das Wichtigste zu den stetigen Verteilungen an:

Tab. 5.1 Übersicht über die wichtigsten stetigen Verteilungen

Verteilung	Typische Fragestellung	Parameter	Beispiel
Gleichverteilung	alle Werte im Intervall gleich wahrscheinlich	Intervall [a, b]	Zufällige Wartezeit
Normalverteilung	viele kleine Einflüsse, natürliche Streuung	Mittelwert, Streuung	Absatzzahlen, Umsätze
Exponentialverteilung	Zeit bis zum nächsten Ereignis	Rate (λ)	Zeit bis zum nächsten Kunde

Momente von Wahrscheinlichkeitsverteilungen 6

6.1 Definition und Berechnung der Momente einer Zufallsvariable

Als **Momente** bezeichnet man Kennzahlen, mit denen sich die wichtigsten Eigenschaften einer Wahrscheinlichkeitsverteilung beschreiben lassen. Sie liefern Informationen über die Lage (Wo liegen die Werte typischerweise?) und die Streuung (Wie weit sind die Werte verteilt?) von Zufallsvariablen. Zu den wichtigsten Momenten zählen der Erwartungswert, die Varianz und die Standardabweichung. Dagegen werden höhere Momente wie Schiefe und Kurtosis meist nur in Spezialfällen betrachtet.

Der **Erwartungswert** (oft E(X) bezeichnet) gibt an, welchen Wert man „im Durchschnitt" erwarten kann, wenn man ein Zufallsexperiment sehr häufig wiederholt. Er berechnet sich bei diskreten und stetigen Zufallsvariablen nach den beiden folgenden Formeln.

- Diskrete Zufallsvariable: $E(X) = \sum_i x_i \cdot P(X = x_1)$
- Stetige Zufallsvariable: $E(X) = \int_{-\infty}^{\infty} x \cdot f(x)dx$ (wobei f(x) die Dichtefunktion ist)

Das **Gesetz der großen Zahlen** besagt, dass sich der Durchschnitt der Ergebnisse eines Zufallsexperiments bei sehr vielen Wiederholungen immer mehr dem wahren Erwartungswert annähert. Wenn Sie beispielsweise sehr oft würfeln, dann wird der Durchschnitt der geworfenen Zahlen immer näher an 3,5 (den Erwartungswert eines haushaltsüblichen Würfels) herankommen.

S. Georg et al., *Einfach nur Wahrscheinlichkeitsrechnung*, essentials, https://doi.org/10.1007/978-3-658-52233-9_6

Das Gesetz der großen Zahlen erklärt, warum Stichproben mit zunehmender Größe immer verlässlichere Aussagen über die Grundgesamtheit ermöglichen.

Die **Varianz** misst, wie stark die Werte um den Erwartungswert streuen. Die **Standardabweichung** ist die Quadratwurzel der Varianz und gibt die Streuung in derselben Einheit wie die Zufallsvariable an. Was soll auch schon ein Quadrateuro sein? Die Formeln sind für diskrete und stetige Zufallsvariablen einheitlich.

- Varianz: $\mathrm{Var}(X) = E[(X - E(X))^2] = E(X^2) - E(X)^2$
- Standardabweichung: $\sigma = \sqrt{\mathrm{Var}(X)}$

6.2 Korrelationsmaße

In den Wirtschaftswissenschaften ist es oft interessant zu wissen, ob und wie stark zwei Größen miteinander zusammenhängen. Typische Fragen lauten zum Beispiel: „Steigt der Umsatz, wenn das Werbebudget erhöht wird?“ oder „Wie eng hängen Ausbildung und Gehalt zusammen?“ Um solche Zusammenhänge zu messen und zu beschreiben, verwendet man **Korrelationsmaße**.

Die **Korrelation** beschreibt die Stärke und die Richtung eines (meist als linear unterstellten) Zusammenhangs zwischen zwei Zufallsvariablen. Dabei gibt sie an, ob hohe Werte der einen Variablen mit hohen (oder niedrigen) Werten der anderen einhergehen.

- Eine **positive Korrelation** bedeutet: Wenn der Wert von X steigt, dann steigt auch der Wert von Y (z. B. steigt der Umsatz häufig, wenn auch das Werbebudget wächst).
- Eine **negative Korrelation** bedeutet: Wenn der Wert von X steigt, dann sinkt der Wert von Y (z. B. entwickeln sich der Preis eines Produktes und die Nachfrage nach dem Produkt oft konträr).
- Stellt man **keine Korrelation** fest, dann ist kein statistischer Zusammenhang erkennbar.

Rechnerisch basiert der Korrelationskoeffizient auf der Kovarianz. Die **Kovarianz** ist das grundlegende Maß für den Zusammenhang zwischen zwei Variablen X und Y:

$$\mathrm{cov}(X,Y) = E\left[\left(X - E(X)\right)\cdot\left(Y - E(Y)\right)\right]$$

- Eine **positive Kovarianz** besagt: Hohe Werte von X gehen mit hohen Werten von Y einher.
- Eine **negative Kovarianz** besagt: Hohe Werte von X gehen mit niedrigen Werten von Y einher.
- Gilt dagegen eine **Kovarianz von 0**, dann ist kein linearer Zusammenhang von X und Y erkennbar.

Als Nachteil dieser Berechnung ist zu nennen, dass die Höhe der Kovarianz von den Maßeinheiten der Variablen abhängig ist. Deshalb sind die einzelnen Werte nur schwierig interpretierbar. Deshalb braucht man Alternativen zur Kovarianz: Das am häufigsten verwendete Zusammenhangsmaß zwischen zwei Variablen ist der **Korrelationskoeffizient** (meist Pearson-Korrelation genannt), der die Kovarianz normiert:

$$\rho_{X,Y} = \frac{\text{cov}(X,Y)}{\sigma_X \cdot \sigma_Y}$$

Die Pearson-Korrelation weist einen Wertebereich: von −1 bis +1 auf:

- +1 bedeutet: Es gibt einen perfekten positiven linearen Zusammenhang zwischen den Variablen.
- 0 bedeutet: Es ist kein linearer Zusammenhang zwischen den Variablen erkennbar.
- -1 bedeutet: Es gibt einen perfekten negativen linearen Zusammenhang zwischen den Variablen.

In der Praxis werden die drei genannten Werte −1, 0 und 1 nur äußerst selten erreicht. Aufgrund der Normierung der Kennzahl auf das Intervall von −1 bis 1 sind die Werte aber gut zu interpretieren. Bei einer Person-Korrelation von 0,8 würde man sicherlich von einem starken positiven Zusammenhang sprechen, bei einem Wert von -0,5 dagegen wohl eher von einem mäßigen negativen Zusammenhang zwischen den Variablen.

Denken Sie aber daran, dass eine Korrelation nicht automatisch Kausalität bedeutet! Zwei Variablen können korreliert sein, ohne dass eine die andere verursacht. So gibt es bestimmt ein gehäuftes Auftreten von Sonnenbrand in Zeiten, in denen auch der Umsatz mit Speiseeis hoch ist. Niemand fängt sich aber einen Sonnenbrand ein, weil er ein Eis ist.

Wenn die Beziehung zwischen den Variablen nicht linear ist oder Ausreißer in den Beobachtungen vorliegen, also unerklärlich oder außergewöhnlich hohe bzw. niedrige Werte auftreten, dann verwendet man oft den **Rangkorrelationskoeffizienten nach Spearman** als Korrelationsmaß: Er misst den Zusammenhang der Rangplätze aus einer geordneten Liste statt der konkreten Werte.

Für kategoriale (qualitative) Variablen nutzt man dagegen den **Kontingenzkoeffizienten**. Auch er misst die Stärke des Zusammenhangs zweier Variablen. Dazu nutzt er Kontingenztafeln. Der Wertebereich des Kontingenzkoeffizienten liegt zwischen 0 (kein Zusammenhang) und einem Maximalwert, der von der jeweiligen Tabellengröße abhängt. Kontingenzkoeffizienten werden typischerweise im Rahmen der deskriptiven Statistik diskutiert.

6.3 Rechenregeln zu Momenten

Für die Rechnung mit Momenten gelten zusätzlich die folgenden Rechenregeln:

Allgemein gilt für eine Zufallsvariable X mit Erwartungswert E(X) und $a, b \in R$:

$$E(a \cdot X + b) = a \cdot E(X) + b$$

$$E(X - E(X))^2 = Var(X) = E(X^2) - [E(X)]^2$$

$$Var(a \cdot X + b) = a^2 \cdot Var(X)$$

Ergänzend wollen wir den Fall betrachten, dass wir zwei verschiedene Zufallsvariablen X und Y haben. Dann gilt:

$$E(X + Y) = E(X) + E(Y)$$

$$E(X - Y) = E(X) - E(Y)$$

$$cov(aX, bY) = a \cdot b \cdot cov(X, Y)$$

$$cov(X + a, Y + b) = cov(X, Y) = cov(Y, X)$$

$$\operatorname{Var}(X+Y)=\operatorname{Var}(X)+\operatorname{Var}(Y)+2\cdot\operatorname{cov}(X,Y)$$

$$\operatorname{Var}(X-Y)=\operatorname{Var}(X)+\operatorname{Var}(Y)-2\cdot\operatorname{cov}(X,Y)$$

$$\operatorname{korr}(X+a,Y+b)=\operatorname{korr}(X,Y)$$

$$\operatorname{korr}(a\cdot X,b\cdot Y)=\begin{cases}korr(X,Y) & für\ a\cdot b>0\\ -korr(X,Y) & für\ a\cdot b<0\end{cases}$$

$$\operatorname{korr}(X,Y)=\operatorname{korr}(Y,X)$$

Betrachten wir nun zur Berechnung der Momente ein Beispiel: Die Zufallsvariable X besitze die Wahrscheinlichkeitsverteilung:

$$P\{X=k\}=\frac{4^k}{k!}\cdot e^{-4}\text{ für k}=0,1,2\ldots$$

Die Zufallsvariable Y besitze die Dichte:

$$f_Y(y)=\begin{cases}\frac{1}{4}\cdot e^{-\frac{1}{4}\times y} & für\ y\geq 0\\ 0 & sonst\end{cases}$$

Ferner seien X und Y korreliert mit korr(X, Y) = 0,5.

a) Bestimmen Sie den Erwartungswert von $4\cdot X+2\cdot Y+3$.
b) Bestimmen Sie die Kovarianz Cov(4X, 2Y).
c) Bestimmen Sie den Erwartungswert $4\cdot X^2-4\cdot Y^2$.
d) Bestimmen Sie die Varianz von $4\cdot X-2\cdot Y+2$.

Zur Bestimmung der Lösung schauen wir uns zunächst die beiden Wahrscheinlichkeitsverteilungen genau an:

X ist poissonverteilt mit E(X) = 4 und Var(X) = 4.

Y ist exponentialverteilt mit E(Y) = 4 und Var(Y) = 16.

Damit sind nach den Rechenregeln für die Moment die folgenden Rechnungen durchzuführen:

a) E(4 · X + 2 · Y + 3) = 4 · E(X) + 2 · E(Y) + 3 = 4 · 4 + 2 · 4 + 3 = 27
b) Cov(X, Y) = korr(X, Y) · $\sqrt{Var(X) \cdot Var(Y)} = 0{,}5 \cdot \sqrt{4 \cdot 16} = 4$
Cov(4X, 2Y) = 4·2 · 4 = 32
c) E(4·X² – 4·Y²) = 4 · E(X²) – 4 · E(Y²) = 4 · [Var(X) + (E(X))²] – 4 · [Var(Y) + (E(Y))²] = 4 · (4 + 16) – 4 · (16 + 16) = 80 – 128 = -48
d) Var(4 · X – 2 · Y + 2) = Var(4 · X – 2 · Y) = 16 · Var(X) + 4 · Var(Y) – 16 · Cov(X, Y) = 16 · 4 + 4 · 16 – 16 · 4 = 64

6.4 Überblick über die Momente der wichtigsten Wahrscheinlichkeitsverteilungen

Verschaffen wir uns in Tab. 6.1 einen Überblick über die Momente der wichtigsten diskreten Verteilungen:

Und in Tab. 6.2 finden wir einen Überblick über die Momente der wichtigsten stetigen Verteilungen:

Tab. 6.1 Momente diskreter Zufallsvariablen

Verteilung	Erwartungswert E(X)	Varianz Var(X)	Standardabweichung
Gleichverteilung (diskret, n Werte)	$\frac{n+1}{2}$	$\frac{n^2-1}{12}$	$\sqrt{\frac{n^2-1}{12}}$
Binomialverteilung (n, p)	$n \cdot p$	$n \cdot p \cdot (1-p)$	$\sqrt{n \cdot p \cdot (1-p)}$
Poissonverteilung (λ)	λ	λ	$\sqrt{\lambda}$
Hypergeometrische Verteilung (N, M, n)	$n \cdot \frac{M}{N}$	$n \cdot \frac{M}{N} \cdot \left(1-\frac{M}{N}\right) \cdot \frac{N-n}{N-1}$	$\sqrt{n \cdot \frac{M}{N} \cdot \left(1-\frac{M}{N}\right) \cdot \frac{N-n}{N-1}}$

Tab. 6.2 Momente stetiger Zufallsvariablen

Verteilung	Erwartungswert E(X)	Varianz Var(X)	Standardabweichung
Gleichverteilung (stetig, Intervall [a, b])	$\frac{a+b}{s}$	$\frac{(b-a)^2}{12}$	$\sqrt{\frac{(b-a)^2}{12}}$
Normalverteilung (μ, σ^2)	μ	σ^2	σ
Standardnormalverteilung	0	1	1
Exponentialverteilung (λ)	$\frac{1}{\lambda}$	$\frac{1}{\lambda^2}$	$\frac{1}{\lambda}$

7 Zweidimensionale Verteilungen

In vielen wirtschaftlichen Fragestellungen interessiert man sich nicht nur für eine einzige Zufallsgröße, sondern für das Zusammenspiel von zweien – zum Beispiel für den Zusammenhang zwischen Einkommen und Konsum, Preis und Nachfrage oder für den Zusammenhang von Ausbildung und Gehalt. Hier kommen **zweidimensionale Wahrscheinlichkeitsverteilungen** ins Spiel.

Eine zweidimensionale Verteilung beschreibt die Wahrscheinlichkeiten für das gemeinsame Auftreten von zwei Zufallsvariablen, meist bezeichnet als X und Y. Man spricht in diesem Fall auch von **bivariaten Verteilungen**. Die möglichen Wertepaare (x, y) und deren Wahrscheinlichkeiten werden durch eine gemeinsame Wahrscheinlichkeitsfunktion (bei diskreten Variablen) oder eine gemeinsame Dichtefunktion (bei stetigen Variablen) beschrieben;

- **Diskrete Zufallsvariablen:**
  Die gemeinsame Wahrscheinlichkeitsfunktion f(x, y) zweier Zufallsvariablen X und Y gibt die Wahrscheinlichkeit an, dass X den Wert x und Y den Wert y annimmt. Man schreibt auch:

  $$f(x,y) = P(X = x, Y = y).$$

  Die Darstellung der gemeinsamen Wahrscheinlichkeitsfunktion erfolgt häufig tabellarisch, bspw. in Form von Tab. 7.1:
- **Stetige Zufallsvariablen:**
  Die gemeinsame Dichtefunktion f(x, y) beschreibt, wie die Wahrscheinlichkeiten auf die Wertepaare verteilt sind. Beispielsweise kann die Dichtefunktion lauten:

S. Georg et al., *Einfach nur Wahrscheinlichkeitsrechnung*, essentials, https://doi.org/10.1007/978-3-658-52233-9_7

Tab. 7.1 Beispiel einer diskreten zweidimensionalen Zufallsvariable

	X = 1	X = 2	X = 3
Y = 6	0,1	0,2	0,1
Y = 8	0,3	0,05	0,25

Tab. 7.2 Bsp. der Randverteilungen einer diskreten zweidimensionalen Zufallsvariable

	X = 1	X = 2	X = 3	Randverteilung von Y
Y = 6	0,1	0,2	0,1	0,4
Y = 8	0,3	0,05	0,25	0,6
Randverteilung von X	0,4	0,25	0,35	1

$$f_{X,Y}(x,y) = \begin{cases} 8 \cdot x \cdot y & \textit{für } 0 < y < x \quad 0 < x < 1 \\ 0 & \textit{sonst} \end{cases}$$

Auch für mehrdimensionale Zufallsvariablen gilt, dass die Summe (bzw. das Integral) aller Wahrscheinlichkeiten über alle möglichen Wertepaare immer 1 ist.

Oft möchte man wissen, wie sich eine der beiden Zufallsvariablen unabhängig von der anderen verhält. Dafür verwendet man die sogenannte **Randverteilung**. Bei diskreten Zufallsvariablen lässt diese sich einfach über die Tabelle der gemeinsamen Wahrscheinlichkeiten bestimmen. Dagegen muss man bei stetigen Zufallsvariablen ein Integral berechnen.

- **Randverteilungen von X und Y bei diskreten Zufallsvariablen (Tab. 7.2):**
- **Randverteilung von X bei stetigen Zufallsvariablen X, Y:**

$$f_X(x) = \int_{-\infty}^{\infty} f_Z(x,y)\,dy$$

- **Randverteilung von Y bei stetigen Zufallsvariablen X, Y:**

$$\mathrm{fY}(\mathrm{y}) = \int_{-\infty}^{\infty} f_Z(x,y)\,dx$$

Letztlich bedeutet dies, dann man die Wahrscheinlichkeiten über die jeweils andere Variable „summiert“.

Betrachten wir nun ein konkretes Beispiel für eine diskrete zweidimensionale Zufallsvariable (X, Y): Bei einer Untersuchung unter Menschen unterschiedlichen

Tab. 7.3 Beispieldaten zu einer diskreten zweidimensionalen Zufallsvariable

	Y Alter			
X Sparplan	1 unter 25 Jahren	2 25 bis 40 Jahre	3 über 40 Jahre	
1 (kein Sparplan)	0,3	0,25		0,80
2 (Sparplan)			0,10	
	0,35			1

Tab. 7.4 Vollständige Daten zur Beispielverteilung einer diskreten zweidimensionalen Zufallsvariable

	Y = 1	Y = 2	Y = 3	Randhäufigkeit von X
X = 1	0,30	0,25	0,25	0,80
X = 2	0,05	0,05	0,10	0,20
Randhäufigkeit von Y	0,35	0,30	0,35	1,00

Alters wurden folgende in Tab. 7.3 dargestellte gemeinsame Wahrscheinlichkeiten der Variablen X = Sparplan und Y = Alter festgestellt:

a) Vervollständigen Sie die Tabelle.
b) Wie groß ist die Wahrscheinlichkeit der Personen mit hohem Alter unter den Sparplanbesitzern?
c) Wie groß ist die Wahrscheinlichkeit der Personen in der Untersuchung, die höchstens 40 Jahre alt sind?
d) Haben die Personen ohne Sparplan unter den Personen, die besonders jung sind, eine größere Wahrscheinlichkeit als unter allen Personen der Untersuchung?

Die Bestimmung der Lösung ist bei diskreten Zufallsvariablen als eher einfach einzustufen.

a) Die fehlenden Werte ergeben sich wie in Tab. 7.4 durch einfache Subtraktionen oder Additionen.
b) Im Aufgabenteil wird eine bedingte Wahrscheinlichkeit gesucht. Die Bedingung lautet dabei X = 2, d. h. es gibt eine Einschränkung auf die Sparplanbesitzer. Innerhalb dieser Gruppe sind die Personen mit hohem Alter (Y = 3) gesucht. Damit ergibt sich gemäß der Formel für bedingte Wahrscheinlichkeiten: $\frac{P(X=2,\, Y=3)}{P(X=2)} = \frac{0{,}10}{0{,}20} = 0{,}5$

c) In diesem Fall ist zur Lösungsfindung die Randverteilung von Y heranzuziehen, da nur das Merkmal Alter relevant ist: Aus der Randverteilung von Y folgt: $P(Y \leq 2) = 0{,}35 - 0{,}30 = 0{,}65$

d) Wenn nach den Personen ohne Sparplan gefragt ist, kann man dazu zunächst die Randverteilung von X heranziehen. Demnach beträgt die Wahrscheinlichkeit 0,8, dass eine Person keinen Sparplan hat. Zum Vergleich werden unter allen jungen Personen (Y = 1, Bedingung) die Personen ohne einen Sparplan betrachtet (Y = 1 und X = 1).

$P(X =) = 0{,}8$ im Vergleich mit $\dfrac{P(X=1,Y=1)}{P(Y=1)} = \dfrac{0{,}3}{0{,}35} = 0{,}857$

Demnach ist der Anteil der Personen ohne Sparplan unter den jungen Menschen größer (0,857) als unter der Gesamtheit der Personen (0,8).

Als zweites Beispiel in diesem Kapitel wollen wir uns jetzt noch eine stetige zweidimensionale Zufallsvariable anschauen:

Für die zweidimensionale Zufallsvariable (X, Y) sei die Randdichtefunktion von X gegeben mit:

$$f_X(x) = \begin{cases} 4 \cdot x^3 & \text{für } 0 < x < 1 \\ 0 & \text{sonst} \end{cases}$$

Und für jedes x mit positiver Dichte $f_X(x) > 0$ sei die bedingte Dichtefunktion von $(Y|X = x)$:

$$f_{Y|X=x}(y) = \begin{cases} \dfrac{2 \cdot y}{x^2} & \text{für } 0 < y < x \\ 0 & \text{sonst} \end{cases}$$

a) Geben Sie die gemeinsame Dichtefunktion von (X, Y) an.
b) Berechnen Sie die Wahrscheinlichkeit $P(X > 0{,}5; Y < 0{,}5)$!
c) Zeigen Sie, dass für die Randdichtefunktion $f_Y(y)$ des Zufallsvektors (X, Y) gilt:

$$f_Y(y) = \begin{cases} 4 \cdot y \cdot (1 - y^2) & \text{für } 0 < y < 1 \\ 0 & \text{sonst} \end{cases}$$

Betrachten wir nun die Lösung zu den drei Fragestellungen:

a) Zur Berechnung der gemeinsamen Dichtefunktion müssen wir die Randdichte von X mit der bedingte Dichtefunktion von (Y|X = x) multiplizieren. Wir kennen diese Berechnungsweise bereits aus dem Kapitel zu den bedingten Wahrscheinlichkeiten, als wir die Formel $P(B|A)=\frac{P(A\cap B)}{P(A)}$ kennengelernt hatten, die wir zu $P(A \cap B) = P(B|A) \cdot P(A)$ umformen können.

$$f_{X,Y}(x,y)=f_X(x)\cdot f_{Y|X=x}(y)=\begin{cases}8\cdot x\cdot y & \text{für } 0<y<x \quad 0<x<1\\ 0 & \text{sonst}\end{cases}$$

b) Um die gesuchte Wahrscheinlichkeit bestimmen zu können, müssen wir die gemeinsame Dichtefunktion aus Aufgabenteil a) einmal nach x und im Anschluss nach y integrieren. Wir müssen also ein Doppelintegral lösen. Im ersten Schritt bestimmen wir die Stammfunktion zur gemeinsamen Dichtefunktion nach x und interpretieren die Variable y dabei als eine gewöhnliche Zahl. Im zweiten Schritt bilden wir dann die Stammfunktion nach y und betrachten dabei y als Variable. Damit ergibt sich die folgende Rechnung:

$$\begin{aligned}\mathrm{P}(\mathrm{X}>0,5;\,\mathrm{Y}<0,5)&=\int_0^{0,5}\int_{0,5}^{1} f_{X,Y}(x,y)\,dxdy=\int_0^{0,5}\left[4\cdot y\cdot x^2\right]_{0,5}^{1}dy\\&=\int_0^{0,5}(4\cdot y-y)\,dy=\left[\frac{3}{2}\cdot y^2\right]_0^{0,5}=\frac{3}{8}\end{aligned}$$

c) Zur Bestimmung der Randdichte von Y müssen wir die gemeinsame Dichtfunktion nach x integrieren:

$$\begin{aligned}f_Y(y)&=\int_{-\infty}^{\infty} f_{x,y}(x,y)\,dx=\int_y^1 8\cdot x\cdot y\,dx=\left[4\cdot y\cdot x^2\right]_y^1\\&=4\cdot y-4\cdot y^3=4\cdot y\cdot\left(1-y^2\right)\text{für } 0<y<1\end{aligned}$$

$$f_Y(y)=0 \quad \text{sonst}$$

8 Zentraler Grenzwertsatz

Der **zentrale Grenzwertsatz** besagt, dass die Summe (oder der Durchschnitt) vieler unabhängiger Zufallsvariablen – unabhängig von deren Verteilung – bei ausreichend großer Stichprobe annähernd normalverteilt ist. Somit ist er der Grund dafür, dass die Normalverteilung in der Stochastik so häufig verwendet wird – auch wenn die Einzeldaten gar nicht normalverteilt sind. Streng genommen gibt es mehrere zentrale Grenzwertsätze, die sich in den Annahmen zu den Zufallsvariablen (Unabhängigkeit, Verteilung, Varianz) unterscheiden. Gemeinsam ist ihnen jedoch das grundlegende Ergebnis: Die Normalverteilung tritt als Grenzverteilung auf.

In mathematischer Schreibweise verwirrt der zentrale Grenzwertsatz so manche Studierende:

Es seien $(X_k)_{k\in\mathbb{N}}$ eine Folge unabhängig identisch verteilter Zufallsvariablen mit $E(X_k) = \mu$ und $Var(X_k) = \sigma^2 > 0$ für alle $k\in\mathbb{N}$.

(1) Dann gilt für die Zufallsvariablen $Y_n = \frac{\frac{1}{n} \times \sum_{k=1}^{n} X_k - \mu}{\sigma} \cdot \sqrt{n} \qquad mit\ n \in \mathbb{N}:$

$$\lim_{n\to\infty} P\{Y_n \le y\} = \lim_{n\to\infty} F_{Y_n}(y) = \phi(y).$$

(2) Dann gilt für die Zufallsvariablen $Y_n = \frac{\sum_{k=1}^{n} X_k - n \cdot \mu}{\sigma \cdot \sqrt{n}} \qquad mit\ n \in \mathbb{N}:$

$$\lim_{n\to\infty} P\{Y_n \le y\} = \lim_{n\to\infty} F_{Y_n}(y) = \phi(y).$$

S. Georg et al., *Einfach nur Wahrscheinlichkeitsrechnung*, essentials, https://doi.org/10.1007/978-3-658-52233-9_8

Was heißt das nun eigentlich? Wir betrachten hier n Zufallsvariablen, die identisch verteilt sind und damit auch alle den gleichen Erwartungswert μ und die gleiche Standardabweichung σ besitzen.

Wir wissen bereits aus den Rechenregeln zu den Momenten, dass die Summe dieser n Zufallsvariablen dann den Erwartungswert $n \cdot \mu$ und die Standardabweichung $\sigma \cdot \sqrt{n}$ besitzt. Wenn Sie das an dieser Stelle nicht nachvollziehen können, schauen Sie sich bitte nochmals die Rechenregeln für die Momente an.

Wir können auch aus den Rechenregeln zu den Momenten ableitet, dass der arithmetische Mittelwert dieser n Zufallsvariablen (also die Summe der n Zufallsvariablen dividiert durch n) dann den Erwartungswert μ und die Standardabweichung $\frac{\sigma}{\sqrt{n}}$ besitzt.

Jetzt müssen wir nur noch von der Summe der Zufallsvariablen oder dem arithmetischen Mittelwert der Zufallsvariablen deren Erwartungswert subtrahieren und durch deren Standardabweichung dividieren. Die neue Zufallsvariable, die wir durch diese Rechenschritte erhalten, ist dann (annährend) standardnormalverteilt. Genau das besagt der zentrale Grenzwertsatz, und genau das schauen wir uns jetzt an einem Beispiel an:

Die Meerestiefe T [m] werde mit einem Messgerät gemessen. Die Messwerte x_i, die das Messgerät anzeigt, seien Realisationen von Zufallsgrößen X_i, die alle den Erwartungswert μ [m] und die Standardabweichung σ = 30 [m] besitzen. Wie viel unabhängige Messungen müssen durchgeführt werden, damit mit einer Wahrscheinlichkeit von mindestens 95 % die Abweichung $|\overline{X} - \mu| \leq 15$ [m] wird?

Notieren wir dazu die zu Grunde liegende Wahrscheinlichkeit mit:

$$P\left\{\left|\overline{X_n} - \mu\right| \leq 15\right\} = P\left\{-15 \leq \overline{X_n} - \mu \leq 15\right\}$$

Wir sehen, dass von der Zufallsvariable $\overline{X_n}$, die das arithmetische Mittel der Zufallsvariablen X_i repräsentiert, deren Erwartungswert μ bereits subtrahiert ist. Wir müssen also nur noch durch deren Standardabweichung dividieren, also durch $\frac{\sigma}{\sqrt{n}}$. Dies kommt der Division durch σ und der Multiplikation mit $\sqrt{n}$ gleich. Führen wir diesen Rechenschritt nun durch, dann erhalten wir:

$$P\left\{-\frac{15}{\sigma} \cdot \sqrt{n} \leq \frac{\overline{X_n} - \mu}{\sigma} \cdot \sqrt{n} \leq \frac{15}{\sigma} \cdot \sqrt{n}\right\}$$

Aufgrund des Zentralen Grenzwertsatzes ist unsere neue Zufallsvariable $\frac{\overline{X_n} - \mu}{\sigma} \cdot \sqrt{n}$ nun (annährend) standardnormalverteilt, sodass wir die Verteilungsfunktion der Standardnormalverteilung ϕ zur Berechnung der gesuchten Wahrscheinlichkeit nutzen können. Somit gilt:

$$P\left\{-\frac{15}{\sigma} \cdot \sqrt{n} \leq \frac{\overline{X_n} - \mu}{\sigma} \cdot \sqrt{n} \leq \frac{15}{\sigma} \cdot \sqrt{n}\right\}$$
$$= \phi\left(\frac{1}{2}\sqrt{n}\right) - \phi\left(-\frac{1}{2}\sqrt{n}\right) = 2 \cdot \phi\left(\frac{1}{2}\sqrt{n}\right) - 1 = 0{,}95$$

In unserem Fall ist ja nicht die Wahrscheinlichkeit gesucht, diese ist ja mit 0,95 bereits gegeben, sondern der benötigte Stichprobenumfang n. Lösen wir dazu zunächst die Gleichung $2 \cdot \phi\left(\frac{1}{2}\sqrt{n}\right) - 1 = 0{,}95$ auf. Wir erhalten im ersten Schritt: $\phi\left(\frac{1}{2}\sqrt{n}\right) = 0{,}975$. Jetzt müssen wir in der Tabelle der Verteilungsfunktion zur Standardnormalverteilung nachschauen, an welcher Stelle der Wert 0,975 von der Verteilungsfunktion angenommen wird. Das ist die Stelle 1,96. Demnach muss das Innere von $\phi\left(\frac{1}{2}\sqrt{n}\right)$, also $\frac{1}{2}\sqrt{n}$ gerade 1,96 sein. Und so ergibt sich als Rechnung:

$$\frac{1}{2}\sqrt{n} = \phi^{-1}(0{,}975) = 1{,}96, \text{also}: \sqrt{n} = 3{,}92 \text{ und damit}: n \geq 16$$

Was das zu schwierig für Sie? Dann kommt hier noch ein zweites Beispiel:

Es seien X_i, i = 1, 2, …, 24, stochastisch unabhängige Zufallsvariablen, die alle die folgende Dichte besitzen:

$$f_{X_i}(x_i) = \begin{cases} 1 + x_i & für -1 \leq x_i < 0 \\ 1 - x_i & für\, 0 \leq x_i < 1 \\ 0 & sonst \end{cases} \qquad i = 1, 2, \ldots, 24$$

Es sei $Z = X_1 + X_2 + \ldots + X_{24}$.

Geben Sie die Wahrscheinlichkeit $P\{|Z\text{-}E(Z)| \leq 4\}$ mittels des Zentralen Grenzwertsatzes an.

Um diese Aufgabe lösen zu können, müssen wir zunächst einmal den Erwartungswert und die Varianz einer Zufallsvariablen Xi bestimmen. Das können Sie bestimmt noch, oder?

$E(X_1) = 0$, wegen der Symmetrie um 0. Alternativ können Sie $E(X_1)$ analog zu $E(X_i^2)$ berechnen:

$$E\left(X_i^2\right)=\int_{-\infty}^{\infty} x_i^2\cdot f_{x_i}\left(x_i\right)dx=\int_{-1}^{0} x^2\cdot\left(1+x\right)+\int_{0}^{1} x^2\cdot\left(1-x\right)dx=$$

$$\left[\frac{1}{3}\cdot x^3+\frac{1}{4\cdot}x^4\right]_{-1}^{0}+\left[\frac{1}{3}\cdot x^3-\frac{1}{4}\cdot x^4\right]_{0}^{1}=\frac{1}{3}-\frac{1}{4}+\frac{1}{3}-\frac{1}{4}=\frac{2}{3}-\frac{2}{4}=\frac{8-16}{2}=\frac{1}{6}$$

Und damit gilt für die Varianz: $Var(X_i) = E(X_i^2) - [E(X_i)]^2 = \frac{1}{6}$.

Im nächsten Schritt müssen wir jetzt Erwartungswert und Varianz von Z errechnen. Dazu brauchen wir wieder die Rechenregeln für die Momente (unabhängiger) Zufallsvariablen:

$$E(Z)=E(X_1+X_2+\ldots+X_{24})=24\cdot E(X_1)=0$$

$$Var(Z)=Var(X_1+X_2+\ldots+X_{24})=24\cdot Var(X_1)=24\cdot\frac{1}{6}=4$$

Somit beträgt der Wert der Standardabweichung von Z genau 2.

Und schon können wir den zentralen Grenzwertsatz anwenden:

$$P\{|Z-E(Z)|\leq 4\}=P\{-4\leq Z-E(Z)\leq 4\}$$

$$=P\left\{-\frac{4}{\sqrt{Var(Z)}}\leq\frac{Z-E(Z)}{\sqrt{Var(Z)}}\leq\frac{4}{\sqrt{Var(Z)}}\right\}$$

$$=\phi(2)-\phi(-2)=2\cdot\phi(2)-1=2\cdot 0{,}9772-1=0{,}9544$$

9 Bedeutung der Wahrscheinlichkeitsrechnung für Big Data, Künstliche Intelligenz und betriebliche Anwendungen

Mit diesem Buch haben Sie einen Eindruck von den Methoden der Wahrscheinlichkeitsrechnung gewonnen. Sie hat in den letzten Jahren durch die Digitalisierung und die Verfügbarkeit großer Datenmengen eine noch größere Bedeutung erhalten, als sie in der Vergangenheit schon hatte. Denn die Wahrscheinlichkeitsrechnung bildet die Grundlage vieler moderner Technologien und betrieblicher Konzepte.

- In **Big Data-Projekten** werden riesige Datenmengen analysiert, die oft unvollständig oder fehlerbehaftet sind. Die Wahrscheinlichkeitsrechnung hilft in diesem Fall, Unsicherheiten zu quantifizieren und fundierte Entscheidungen auf Basis unvollständiger Informationen zu treffen.
- Viele Algorithmen von Big Data-Anwendungen (z. B. das Clustering oder die Erkennung von Anomalien) basieren auf statistischen Modellen, um **Muster und Zusammenhänge** in den Daten zu erkennen.
- Mithilfe von Methoden der Wahrscheinlichkeitsrechnung lassen sich zukünftige Entwicklungen simulieren und so die **Wahrscheinlichkeiten für bestimmte Ereignisse** (z. B. Nachfrageschwankungen) berechnen.
- Viele Verfahren des **maschinellen Lernens** – wie Naive Bayes, Entscheidungsbäume, neuronale Netze oder Support Vector Machines – verwenden Konzepte der Wahrscheinlichkeitsrechnung, um Modelle zu trainieren und Vorhersagen zu treffen.
- **Bayessche Netzwerke** beschreiben in diesem Kontext komplexe Zusammenhänge zwischen Variablen und ermöglichen es, auch unter Unsicherheit Schlüsse zu ziehen.

S. Georg et al., *Einfach nur Wahrscheinlichkeitsrechnung*, essentials,
https://doi.org/10.1007/978-3-658-52233-9_9

- Auch die Wahrscheinlichkeit, mit der ein Modell **richtige Vorhersagen** trifft, wird mit statistischen Methoden gemessen (z. B. mittels Fehlerwahrscheinlichkeit oder Konfidenzintervallen).
- Anwendungen von **Künstlicher Intelligenz** reichen in der Praxis von personalisierten Produktempfehlungen über die Bilderkennung bis hin zur Sprachverarbeitung – überall werden Wahrscheinlichkeiten berechnet und genutzt.
- Unternehmen bewerten im Rahmen des **Risikomanagements** Risiken (z. B. die Gefahr von Zahlungsausfällen oder Lieferengpässen) mit Hilfe Modelle aus der Wahrscheinlichkeitsrechnung.
- Auch helfen Wahrscheinlichkeitsrechnung dabei, Fehlerquoten zu überwachen und Prozesse zu optimieren und so das **Qualitätsmanagement** zu unterstützen.
- Ebenso werden Wahrscheinlichkeiten zur **Optimierung von Geschäftsprozessen** in der Logistik, der Produktion oder im Marketing genutzt, um die betrieblichen Abläufe zu verbessern und die unternehmerischen Ressourcen effizient einzusetzen.
- Letztlich basieren auch die **Absatz-, die Nachfrage- und die Preisprognosen** auf statistischen Methoden.

Somit ist die Wahrscheinlichkeitsrechnung unverzichtbar für die moderne Datenanalyse, den Einsatz von Künstlicher Intelligenz und für zahlreiche betriebliche Anwendungen. Sie ermöglicht es, aus großen und komplexen Datenmengen sinnvolle Informationen zu gewinnen, Unsicherheiten zu steuern und fundierte Entscheidungen zu treffen. Daraus lässt sich schlussfolgern, dass die Wahrscheinlichkeitsrechnung als Erfolgsfaktor im Zeitalter von Digitalisierung und Automatisierung anzusehen ist.

Was Sie aus diesem *essential* mitnehmen können

- Die Wahrscheinlichkeitsrechnung bildet zusammen mit der deskriptiven (beschreibenden) Statistik und der induktiven (schließenden) Statistik die Stochastik.
- Wahrscheinlichkeiten beruhen auf Zufallsexperimenten, deren mögliche Ergebnisse zwar bekannt sind, deren konkretes Ergebnis bei Durchführung des Experimentes aber (in der Regel) nicht sicher vorausgesagt werden kann.
- Zufallsvariablen lassen sich in diskrete und stetige Zufallsvariablen unterscheiden. Ihre sinnvolle Verwendung ist immer situationsbezogen.
- Oftmals lassen sich Wahrscheinlichkeiten mit Hilfe konkreter Formeln bestimmen, welche die Wahrscheinlichkeitsverteilung mathematisch beschreiben.
- Die Standardnormalverteilung stellt die vielleicht wichtigste Wahrscheinlichkeitsverteilung dar, weil sich aufgrund des zentralen Grenzwertsatzes viele Situationen ergeben, die sich zumindest annährend mit der Standardnormalverteilung beschreiben lassen.
- Gerade in der Wirtschaft gibt es für die Wahrscheinlichkeitsrechnung eine große Zahl an sinnvollen Nutzungsmöglichkeiten.

S. Georg et al., *Einfach nur Wahrscheinlichkeitsrechnung*, essentials,
https://doi.org/10.1007/978-3-658-52233-9

Zeitfracht Medien GmbH
Ferdinand-Jühlke-Straße 7
99095 Erfurt, Deutschland
produktsicherheit@kolibri360.de